誰在掌控你的人生？

在諮商故事中看見自我

情緒包袱、親情枷鎖、感情創傷、子代責任……
一生中所有可能會遇到的心理難關，聽聽諮商師怎麼說！

LIFE CONSULTATION ROOM

韋志中 著

諮商師：「婚姻是一間責任無限公司。」
怎麼在關係中保持平衡、保有自我？
人生諮商室──關於「我」的哉問！

婚姻經營 ╳ 子女教養 ╳ 自我批判 ╳ 情緒表達……
「與人相處」是必修的人生課題，與諮商師的深度對話！

目錄

序　投石衝開水底天

第一編　不要試圖和情緒講道理

　　夢的恐懼，諮商師的溫柔……………………………… 012
　　小孩子餓了就要吃東西………………………………… 015
　　每人一個炸彈 —— 不公平……………………………… 021
　　汪汪的委屈……………………………………………… 029
　　胃痛不一定是胃病……………………………………… 035
　　陷入哀傷的漩渦………………………………………… 041
　　菸頭戳到手臂的快感…………………………………… 047
　　不給孩子繼承的財產…………………………………… 054
　　情緒管理的真諦………………………………………… 062

第二編　我是誰

　　一定要超過姐姐………………………………………… 072
　　三個姐妹一臺戲………………………………………… 080
　　洋蔥該怎麼剝…………………………………………… 091
　　穿上防彈背心也認得你………………………………… 098
　　拔腿毛的小女孩………………………………………… 103

目 錄

石頭的故事 …………………………………… 110

三兄弟見尼采 ………………………………… 117

三兄弟見孔子 ………………………………… 124

三兄弟見佛洛伊德 …………………………… 130

接納的三個層次 ……………………………… 138

心理醫生只是一面鏡子 ……………………… 146

第三編　生命中的貴人

性的功能 ……………………………………… 154

你選擇責任還是自由 ………………………… 162

真誠是一種力量 ……………………………… 169

經驗與經歷 …………………………………… 174

婚姻無限責任公司 …………………………… 180

先說再見的人 ………………………………… 184

生命中的貴人 ………………………………… 190

六個人一張床 ………………………………… 196

兩個對我恩重如山的人 ……………………… 203

第四編　家族的夢

不要期望太陽像你希望的一樣升起 ………… 212

給自己判刑的人 ……………………………… 219

最後的逃避 —— 自殺 ………………………… 225

沒有一個人不自信……………………………………………… 229

成長的詩歌，是最好的禮物……………………………………… 235

神仙說「這個家庭不歡迎你」…………………………………… 242

生命的魔咒………………………………………………………… 249

後記

目錄

序
投石衝開水底天

　　志中給了我他的這本新作，我幾乎是一口氣讀完的。這應該算是小說吧，準確地說是用小說的形式表現心理諮商過程以及普及心理學知識的作品。好多年了，我好像沒有認真讀過哪怕是一本小說，這次可算是一個例外，我想這例外是因為作品的吸引力。

　　這部小說與許多小說一樣，也有作者自身的影子，甚至在書裡面就出現了作者自己發展出來的心理諮商技術「石頭的故事」。在2009年，志中創辦了「石頭的故事」工作坊，我曾去觀摩片刻，看到了那些有趣的石頭，但可惜沒有時間深刻體會石頭背後的故事。在小說裡面，隨著情節的推進，諮商師與來訪者越來越有默契，主角的心結也漸次開啟，我突然想起了一句關於石頭的詩──「投石衝開水底天」。

　　馮夢龍在其所編的《醒世恆言》中講了一個故事：蘇東坡之妹蘇小妹是個才女，在新婚之夜把新郎秦少游拒之門外，要他對出對聯方可入內。蘇小妹出的上聯是「閉門推出窗前月」，秦少游苦思良久，也沒想出下聯。蘇東坡在一旁看見，很為妹夫著急，但又不好現身幫忙。他看著月光映照下的池塘，忽然靈機一動，拾起一塊石頭投入水中。秦少遊看了，立即對出下聯──「投石衝開水底天」。這樣，秦少游終於敲開了蘇小妹的閨房。而在小說中，心理諮商師也是用石頭敲開了來訪者的心靈之扉。

　　石頭是自然的一環，石頭也是文化的一環。自然中的石頭，每塊都沉澱著億萬年的滄桑；文化中的石頭，與人類結緣恐怕也不少於百萬年的歲

序　投石衝開水底天

月。我們都知道，人類歷史上經歷過漫長的石器時代，許多族群也曾有過對石頭的供養或崇拜。人類正是靠著與石頭的相遇、相識、相依，才超越了其他動物而達萬物之靈的地位。用石頭去叩擊人們的心靈，或許是條通順暢達的康莊大道。另外還有「投石問路」的說法，只不過這裡的路是人們的心路。太平天國的名冊中有位「石達開」，借用他的名字，我很希望在石頭抵達之時，人們的心扉便真的能夠敞開。

當然，石頭要敲開心靈之扉，靠的還是拿石頭的人。這人可能是心理諮商師，更可能是來訪者自己。志中在書中逐次涉及情緒、自我、他人、群體這些內容，這是他在十餘年心理諮商職業生涯中總結出來的，是看待一個人心理健康狀況的重點。用他的話說，身為一個人只要這些方面都完滿，基本就沒有多大問題了。

確實，身為人類，最關心的應該就是人，只可惜對人的研究談何容易！在人類已經可以「上太空，下深海」的今天，我們對自身的了解還十分不足。在對人的研究方面，心理學有突出的貢獻。心理學以人類個體為研究對象，試圖透澈了解個體的心理與行為表現及其背後的原因，同時也試圖透澈了解個體與個體之間的心理與行為表現及其背後的原因。於是，個體自身以及此個體與彼個體的關係就成了心理學研究的主要課題，用專門的術語來表達，這個話題即「自我」與「他人」。

每個人類個體最有切實感受的是自我，對人的了解首先需要從弄清楚什麼是自我開始。但弄清自我並不是一件容易的事，成龍曾經主演過一部電影《我是誰》，湊巧心理學裡也有一個測驗叫「我是誰」（Who am I），在這個測驗面前，很多人遲遲難以下筆，因為人們平常很少有意識地反思自我。自我就像空氣和水，是我們「日用而不自知」的東西。而且，要弄清自我，還得了解他人。哲學家說「我思故我在」，但心理學家更相信自我

因與他人對照而突顯，此即梁啟超所謂「對他而自覺為我」，也就是庫利（C.H.Cooley）所說的鏡中自我（looking-glass self）。志中的這本書，便生動地演繹了自我與他人的互動如何探索人類心靈奧祕。

　　志中還有一個夢想，就是堅持「讓更多的人因為心理學而受益」，他自己也一直致力於推動心理學在社會中的應用。本書的寫作，可以看作他在心理教育方面邁出的一步。辦心靈俱樂部是教育、辦工作坊是教育，就是諮商也可以視為教育，不過小說形式的作品可以用更快的速度影響更廣大的人群，這可以讓他的理想更好地實現。我個人很認可志中的做法，近年來我也和幾個志同道合的朋友開辦了論壇，其任務之一，就是以各種形式把心理學知識推廣到社會和大眾中。我曾提出「貼近大眾的心理學」，與志中的理想頗為契合，在這一點上我願與志中共勉。

鍾年

序　投石衝開水底天

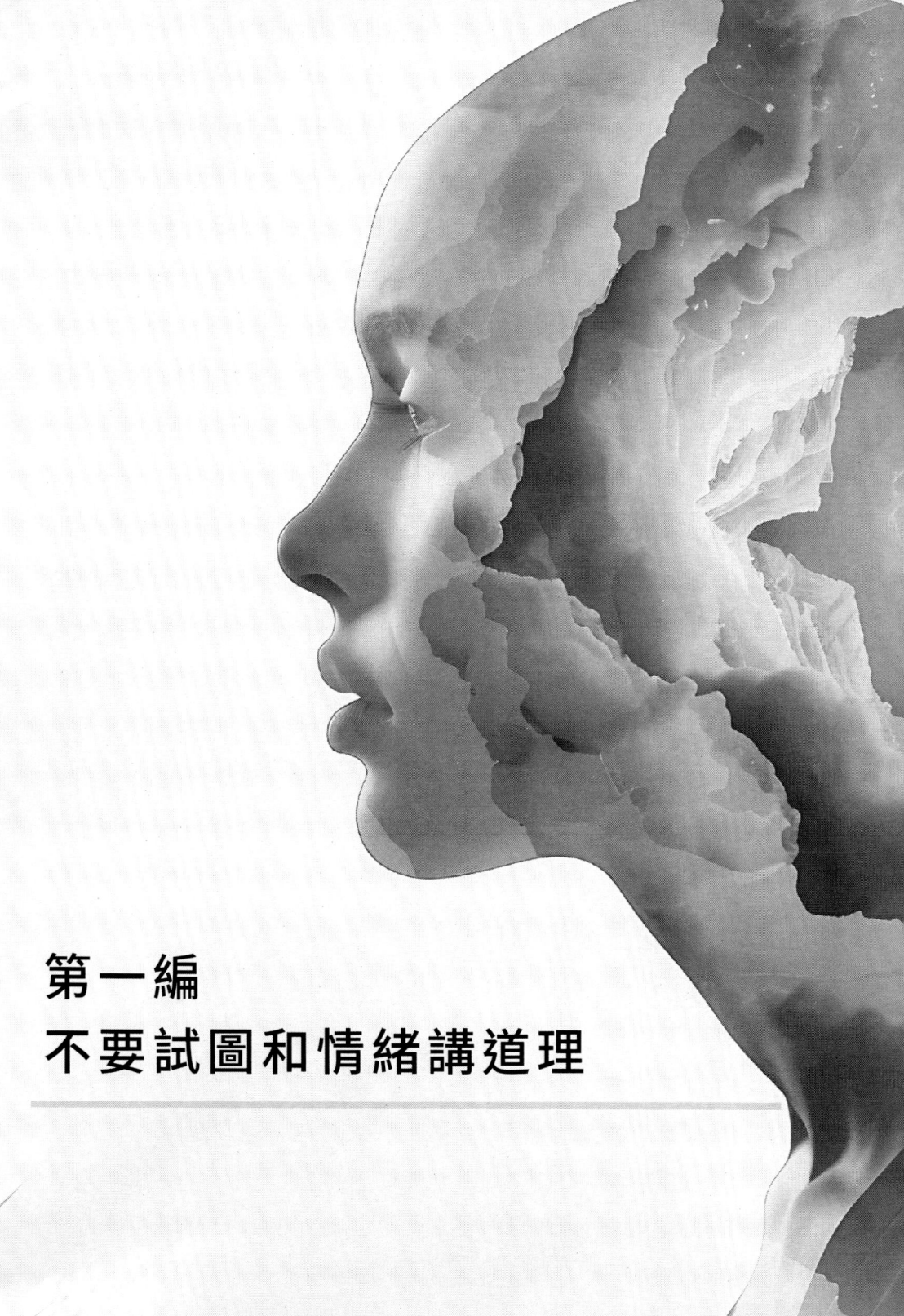

第一編
不要試圖和情緒講道理

第一編　不要試圖和情緒講道理

夢的恐懼，諮商師的溫柔

　　漆黑的夜裡，陳逸藝不停地向前奔跑著，用盡了全身的力氣。此時，天地間除了她跑步的聲音和粗重的呼吸聲之外，再也沒有其他聲音。但是因為這樣，她變得更加恐懼。她總覺得，在她背後，正有什麼東西在不停地追趕著她，讓她不敢停下自己的腳步。因為她害怕自己一停下來，就會成為俘虜。

　　突然，她腳下一滑，跌倒在地，有一個尖銳的東西刺入她的腳底。漆黑中，除了感覺到劇烈的疼痛之外，她還感覺到自己的血液正從腳底汩汩地流出來。

　　她坐在地上無助地捂著傷口，很希望這個時候能夠發現一點亮光，但是周圍一片寂靜，沒有半點光。顯然，這一帶都荒無人煙。

　　回頭望，後面聽不到任何聲響，但她總覺得，追著自己的人就潛伏在背後。於是她掙扎著起來，但是因為傷口實在是太痛，她剛站起來又馬上跌坐下去。

　　突然，她聽到一聲聲微弱的犬吠，馬上提高了警惕，側耳傾聽，只覺得那犬吠聲越來越近，緊接著，一陣雜亂的腳步聲從黑暗中傳了過來。她知道，追兵來了，但是自己又走不動，怎麼辦呢？

　　她多麼渴望這個時候會有奇蹟，上天會派一個人來救她，但她也知道這個時候發生奇蹟的機率是多麼渺茫。

　　於是，她再次掙扎起身，試圖挪動自己的腳步，繼續向前奔跑。身後的呼喊聲越來越高，隱約中還看見了火光，那是追兵的火把。

她咬著牙一步一步地挪動著自己的身體。沒過多久，就聽見背後有人大聲叫著：「她就在前面，好像受傷了，快點，我們過去抓住她！」

她聽到之後頓時覺得全身冰冷，像是置身於冰窖般，但是雙腳依然堅持挪動著，她想就算痛死也不能落入那些人的手裡。

突然，她覺得身後襲來一陣熱風，駭然回首，她看到一個黑乎乎的東西向她撲了過來，那是幫助追兵尋找她的獵犬。她嚇得不由得大聲狂叫起來。

她一屁股跌坐在地上，身子不由自主地向後退，試圖逃開那獵犬的魔爪。突然，她感覺自己跌入了一片虛空。原來她背後是一個懸崖，她剛才已經跑到了懸崖的邊緣，這一再後退，讓自己掉下了懸崖。陳逸藝感到自己的身體不斷地在黑暗中往下墜。懸崖邊的火光在她的眼裡變得越來越小。她使勁地揮舞著手臂，試圖抓住什麼東西，但是身邊除了呼呼的風聲，什麼也沒有，甚至沒有一根草、一棵樹。

不過，讓她覺得奇怪的是，她下墜了很長一段時間，卻依然沒有跌到崖底。那懸崖好像是無底洞一般，無邊無際。她突然想到地獄，於是渾身冒汗。她覺得自己像是一片飄落的樹葉，在去地獄的路上。於是，她忍不住大哭起來。

此時，她彷彿聽到了右手邊傳來一聲隱約的人聲，她張開眼睛向右邊望去，竟然看到一點小小的燈光，正在遠處忽明忽暗地閃爍著。在這個漆黑一片的空間裡，這點橘紅色的燈光看起來是那麼的溫暖。

陳逸藝立刻揮動著手臂向那邊飛奔而去，而且她真的轉了一個方向，就如一隻小鳥一般飛向了那點燈光。

她不斷地揮動著自己的兩隻手臂，感覺到離火光已經越來越近了，她

第一編　不要試圖和情緒講道理

甚至已經看到了房子的輪廓。然而一陣狂風向她吹了過來，把她吹跌在地上。

她馬上爬了起來，顧不上痛拔腿就往房子那邊跑，正當她要到達房子的時候，突然響起了一陣刺耳的鈴聲⋯⋯

也許是前一陣子經常下雨的緣故，天空居然是少見的湛藍。陳逸藝穿著黑色絲綢緊身襯衫和同材質的紅色裙子，腳上穿著一雙黑色細跟的高跟鞋，頭髮在腦後紮成馬尾，正走在前往諮商室的路上。她故意無視行人中投來的幾道熱烈目光，繼續邁著婀娜的步伐前行。她知道這樣的自己是非常美麗的，而這樣的美麗也很久沒在她身上出現過了。因而，這樣久違的目光讓她覺得更為享受。

面前是一個年輕的男諮商師李承軒，長得不算帥氣，可眉目間卻有一種打動人的溫柔，他說話的聲音也是那麼柔和。陳逸藝還清楚地記得他在聽完自己一把鼻涕一把淚的訴說之後，輕輕問她：「陳小姐，剛才我聽你說了這些生活中發生的事，我一邊聽，一邊在思索，這些是你來找我的真正原因嗎？如果不是，那到底是什麼原因讓你來找我分享你的生命故事呢？現在我想到了。」

當時，陳逸藝用衛生紙擦擦鼻涕，抬頭疑惑地看著他問道：「那你說是為什麼？」

李承軒繼續說：「你只為了一個原因來找我，因為你過去 35 年的生活讓你不滿意，讓你每次回想都會忍不住悲從中來。在你內心有一種強烈的恐懼，你害怕自己未來幾十年也會像過去一樣糟糕，甚至更糟糕，所以你來找我，希望自己別再重複過去的生命路線。」

他話中的每一個字都烙印在陳逸藝心裡，在過去的一個星期裡，這些

話無時無刻不在她腦海中迴響，讓她的眼淚一次又一次像第一次聽見這話時一樣控制不住地流下來。

在沒有來接受心理諮商之前，她內心徬徨不安，不知道自己應該從何處著手，她覺得自己已經陷入絕境了。當他的話語如陽光般從她心中的重重迷霧中透過一絲光亮時，她本能地想抓住這絲光亮，讓它帶領自己離開這無邊的黑暗。可是，他真的可以嗎？

是啊，他真的可以嗎？陳逸藝理了理肩上銀色背包的帶子，順著街道拐了一個彎。往前再走一條街就是她的目的地 —— 李承軒的諮商室了。望著那裡，陳逸藝忍不住又分神了。

那天，他看著她的眼睛，很認真地說：「今天你走進諮商室，我們就開始了一段分享彼此生命故事的旅程。在一段時間內，我將和你一起去探索，看看要怎麼樣才能夠讓我們未來的人生不至於像過去那樣糟糕。我們一起努力，好嗎？」

小孩子餓了就要吃東西

陳逸藝如約來到了諮商室，這是她的第二次諮商。看到她簡潔時尚的裝扮時，李承軒也眼前一亮，微笑著和她打招呼。

坐好之後，李承軒微笑著說：「上次派給你的作業帶來了嗎？」

「帶來了。」陳逸藝從包包中拿出一疊紙，放在面前的小茶几上。李承軒要求陳逸藝在每次諮商結束之後，都要完成作業。好久沒有做過作業的

第一編　不要試圖和情緒講道理

　　陳逸藝覺得好新鮮，彷彿又回到了純真的學生時代。面前是一疊「此時此地情緒畫」，她就像小學生那樣，每晚都認真地畫出自己當天的感覺和情緒。雖然她不會畫畫，但李承軒說過，隨便塗鴉也行，只要用心感受自己內心情緒的顏色和形狀，想塗什麼就塗什麼。

　　李承軒從茶几上拿過那些畫，仔細瀏覽著，感受著她畫中的情緒。他一邊看一邊說：「現在，你願意和我分享一下你作畫時內心的感受嗎？比如整個作畫過程中的思考、情緒上的波動等等。」

　　陳逸藝說：「我在做作業的過程中，不斷地思考『畫畫真的有用嗎』這個問題。我不知道畫畫是不是真的能夠幫助我解決自己的問題。同時，畫畫的過程中會覺得很傷感。覺得自己活到現在，好像都把時間浪費在自我掙扎上面了。我常常覺得自己就像生活在一堆結裡。」

　　說到這裡，陳逸藝停頓了一下，看了看李承軒認真傾聽的雙眸，接著說道：「有一次，我的小孩看了我的畫。她說，『媽媽，為什麼你的畫總是黑黑的呢？』當時我愣住了。當我重新拿起自己的畫細看時，感覺自己就像面對著一個又一個漩渦。那些沒有其他顏色的畫，就像是我的內心，一片黑暗和混亂。」

　　李承軒點點頭，說：「我看到你最後這張畫，已經多了些溫暖的顏色。在你的畫中，我看到了你的改變和突破。」

　　「是的，我也感覺到了。聽了我女兒的話之後，我畫畫時，能夠感覺到自己的情緒隨著畫筆在紙上流動。過去我對情緒根本沒有感覺。」

　　「你一直都這樣？」

　　「不是，以前我能夠感覺得到的。但是後來，我變得不輕易表達情緒了。有時候內心明明有感動，或是憤怒，我也壓抑著不去表達。」「在生活

和工作中,我們有時候可能會不得不掩飾自己內心真實的情感,久而久之就形成了一種模式。情感來臨時,它就自動地躲在背後了,我們往往很難看到真實的它。」

「是的,但是我發覺近年來我已經壓制不住了。我失控的次數越來越多,在面對一些人的時候,發脾氣已經成了家常便飯。」

「假如把你的內心比作一個容器,情緒比作某種物體。當你不斷地把這個物體裝入那有限的容器的時候,最後容器會怎麼樣?」

「裝不下去,會流出來。」

李承軒點點頭。

陳逸藝說:「我決心來諮商,也是希望能夠為自己的情緒找到一個出口。這樣說,我不應該繼續控制自己的情緒了,是嗎?」

聽到這裡,李承軒站起身來在白板上畫了一個圓圈,然後在圓圈的中間畫了一條分界線,他在左邊的半圓裡寫上「個性」,在右邊的半圓裡寫上「情緒」。寫完之後,他轉身問陳逸藝:「你覺得,如果我們把人分成理性的自我和感性的自我,哪一邊屬於理性,哪一邊屬於感性?」

陳逸藝說:「我的理解是,理性的區域是在『個性』這邊,感性的區域是在『情緒』那邊。」

李承軒點頭:「沒錯,你說得對。現在,讓我們來想像一下,如果把其中一個比作大人,另一個比作小孩,你覺得哪一個是大人,哪一個是小孩?」

陳逸藝說:「我覺得『情緒』更像一個小孩子,『個性』更像一個大人。」

李承軒說:「是的。既然情緒是一個小孩子,那麼就不要試圖和情緒

第一編　不要試圖和情緒講道理

講道理，小孩子都是重感受的，他們能夠理解的道理是很少的。」說完，他順手在個性一邊寫上「大人」和「講道理，重邏輯」，在情緒一邊寫上「孩子」和「重感受」。

陳逸藝坐在一旁看著他不斷地寫寫畫畫，內心感觸良多。自己的情緒的確就像一個孩子，一個非常頑皮、到處惹是生非的孩子，有時候自己簡直對他無能為力。

寫完之後，李承軒回到對面坐著，輕輕地問陳逸藝：「當你看到這個圖的時候，內心有什麼感受嗎？」

「我感覺，個性就如同一個喜歡講道理的大人，他以自己的經驗來告訴小孩這個不能做、那個不能做。而情緒不過是一個注重感受的孩子，他無法理解大人的話，不明白為什麼有些事情不能做。也就是說，我常常忽略了情緒本身。」

李承軒說：「這還不是最核心的。最核心的是你要怎麼樣讓情緒變成一個好孩子、乖孩子。過去，你都用什麼方法來『管教』它？」

陳逸藝說：「當某種情緒產生的時候，我首先會覺得，有這樣的情緒不應該。比如憤怒的時候，我會要求自己去理解別人；悲傷的時候，我會要求自己不要軟弱；當感覺到溫暖的時候，我會跟自己說，別得了一點點好處就恨不得把心掏出來，這樣做是很幼稚的，人家根本不需要你這樣做。」

李承軒理解地點頭：「我們現在知道了，情緒就像一個孩子。當它有憤怒的時候得不到表達，當它有悲傷的時候不能放聲哭泣，當它覺得溫暖的時候不能被別人知道。於是，它變得越來越憤怒，越來越悲傷，越來越和別人疏離。你知道，孩子長到一定歲數，會進入叛逆期。情緒這個孩子

也不例外，它越來越想要實現自己。它會用一種自己的方式去表達出來，你意想不到的方式，你也控制不了的方式。當它這樣做的時候，就開始影響你的生活和人際關係。它總會在不適合的場合出現，讓你陷入困境。是什麼原因讓它變成這樣的呢？」

「是因為我把它控制得喘不過氣來。」

「對，是因為用了控制的方法，而不是和它溝通。你想一下，如果一個孩子因為飢餓而哭泣，你卻跟他說，別哭了，沒看見我正在忙嗎？這有用嗎？」

陳逸藝搖搖頭問：「這樣沒有用嗎？」

「當一個小孩哭著告訴你他肚子餓了，你認為他想要得到什麼？」

「食物。」

「對啊，結果你給了他什麼？」

「我什麼都沒有給他，反而要他理解我。」

「那你應該怎麼做？」

「我應該找點東西給他吃。」

「對啊。同樣的道理，當悲傷來臨的時候，你叫它回去，不要出來，你想它真的會心甘情願地回去嗎？它消退了，其實卻隱藏在你的心裡徘徊，看能否找到適當的時機發洩。」

「那麼，也就是說，我開始有了悲傷或憤怒情緒的時候，可以表達出來，是嗎？」

「是的。」

「我經常表達憤怒的情緒啊，但是後果很糟糕！」

第一編　不要試圖和情緒講道理

　　「表達是有很多方式的，對不對？行為表達是一種表達，語言表達也是一種表達。如果你覺得自己以前的方式不是那麼適合，你為何不換一個更溫和一點的方式呢？」

　　陳逸藝想了一下，覺得很有道理：「也就是說，如果我覺得很憤怒，我可以跟對方說我覺得很憤怒，而不是對著他破口大罵？」

　　李承軒說：「對，用這樣的方式來表達，對方會更能理解和接受。只要你的情緒被接受，它就會慢慢地平息下來。」

　　陳逸藝聽到這裡，內心有一種豁然開朗的感覺。

　　的確，在很多時候，她痛恨自己無法控制自己的情緒，阻礙了自己的親密關係發展或者讓其他的人際交往出現困難。越是這樣，她就越避免和別人去交流。但是為了生存，她還是得回歸社會，於是，她開始尋找各種對付情緒的方法，卻發覺效果甚微。而今天，她終於知道，是什麼原因讓自己的情緒變得難以控制，以後，自己只要懂得怎麼去表達情緒，生活應該就會更加順利一點。

　　想到這裡，她不由得站起身來，對著李承軒鞠躬道：「謝謝您幫我指點迷津，讓我受益良多。」

　　李承軒說：「這些收穫，你需要用心地去體會，慢慢地讓它們真正成為自己的一部分。我相信，在你下次做作業的時候，對情緒的感悟會更深刻一些。」

每人一個炸彈 ── 不公平

當晚，她躺在床上，怎麼也睡不著，李承軒說的話，不斷地在她的耳邊響起。她覺得，自己的情緒也像一個宇宙，不過這個宇宙裡面存在的不是各種星體，而是各種情緒。有恐懼、有焦慮、有憤怒、有內疚，有喜悅、有驚奇、有期待等等。所有的情緒，在情緒的空間裡不斷地醞釀和交織，與生活中的每一件事情相互對應、相互影響。

回想這幾年自己走過的路，那曾經經歷過的情節一幕一幕地浮現在自己的眼前。於是所有的痛苦和歡樂，隨著記憶的喚醒而重新在心裡盤旋。

她發現在這幾年，真正讓她覺得開心的事情一件也找不到，她的生活中、生命裡，總是充滿著不和諧和傷悲。

無論是在和前夫相處的過程中，還是和父母相處的過程中，溫暖和愛的感覺竟然很少見。究竟是彼此都不懂得表達，還是因為自己被情緒矇蔽了眼睛所以看不見？

為了填補心靈的空虛，她不斷地接受別的男人的追求，也從不拒絕別人提出的性要求。她花了大量的精力去掩飾和維護那些關係，唯恐被別人識穿，她在內心深處一次又一次地鄙視自己，她不知道自己究竟為什麼會變成這樣。是因為自己需要愛嗎？但是那些關係，真的是出自愛嗎？如果真的是愛，那自己的心裡為什麼從來得不到滿足，從來沒有溫暖和踏實的感覺，而是越來越不踏實？想到這裡，她再也控制不住趴在床上大哭起來。

她不禁想，如果時光還能夠重來，我一定要改變原來的方式，為自己重新活一次，好好地活一次。

第一編　不要試圖和情緒講道理

　　這個星期，她又畫了好幾張情緒畫。在看那些畫的過程中，陳逸藝發現自己的心理空間是一個比例失調的空間。在自己的畫中，她大量地選擇了一些黑色和灰色，並且把這些顏色大片大片地塗抹在畫紙上，就像是一團團暴風雨來臨之前的黑雲。

　　以前她對自己內心的情緒從來沒有做過絲毫的辨別，現在，看著眼前的畫，她知道，當自己選擇了一些灰暗顏色的時候，是代表著內心有負面情緒，而且負面情緒占據了情緒的大部分，最多的就是悲傷。雖然在生活中，悲傷被自己很好地掩飾了，但是在畫紙上，它們卻再也無處可逃。

　　面對這些畫，她察覺到自己的情緒空間內部的正面情緒和負面情緒分布得嚴重不均勻。這是個令人沮喪的發現，但她卻覺得很開心。因為這就說明，她已經找到了面對這些情緒的方法，並且能夠坦然面對自己的情緒，而不再是假裝這些情緒不存在。同時，這些情緒也終於找到了表達的管道，從內心空間裡面釋放出來，不會再像過去一樣，被滿滿地堆積在內心世界裡，互相重疊，發霉，生鏽，腐朽。

　　她看完了那些畫之後，靜靜地坐在椅子裡，閉上眼睛，搜尋自己生命中的每一個人，追溯著這些負面情緒的來源。

　　這些負面情緒就像是一個炸藥包，不只她有。事實上，每個人都有一個這樣的炸藥包，每個人都像是天生的炸彈製造者，每個人彷彿都不甘示弱。

　　炸藥包裡的炸藥，就是被我們壓抑下來的情緒。每一次我們把情緒壓制下來，都等於是把炸藥壓縮到包裡，讓炸藥包的威力不斷加強。最後，到了再也裝不下去的時候，「砰」的一聲爆炸，炸得自己和別人都遍體鱗傷。

想到這裡，陳逸藝不禁開始思索，自己究竟是從什麼時候開始學會製作炸藥包的？這種能力一定不是與生俱來的。

於是，她想到了自己的父母。父母親在她的童年時期就經常因為一些生活的瑣事發生爭執。那些爭執的畫面她有時候都不願意想起，一想到就會覺得難受。也許，正是從那個時候開始，自己已經在製造炸藥包了。

小時候每次看到父母爭吵，就會暗地發誓以後一定要找一個自己心愛的人，一定不會重複他們過去的生活模式，一定要過得比他們開心。但是，現在回過頭，卻發現自己處理婚姻問題的方式，並沒有比父母高明多少。為此，她對自己相當不滿意，卻又不願意面對這樣一個事實。於是，炸藥包變得越來越大，終於因為自己再也無法承受而爆發。這樣的模式被一而再，再而三地運用，自己總以為這就是自我保護最好的武器，是一件可以救命的法寶，卻不知道原來自己也已經被這樣的一個炸藥包炸得支離破碎。

諮商間隙的這幾天裡，陳逸藝每一天都在思索著，疑問也因此而生。她把這些思索和疑問寫成日記，期盼著和李承軒的再次見面。

看完日記，李承軒抬起頭微笑著對陳逸藝說：「恭喜你，陳小姐。看了你的日記，看到你不斷發生著新的變化，我真的很開心。從這篇日記看，你對心靈成長的悟性非常高，我相信你的努力會讓探索心靈的旅程走得更順利。你自己有這樣的感覺嗎？」

陳逸藝說：「我沒有怎麼感覺到，不過我覺得自己最近好像和以前不同了，越來越喜歡思考，而且思考的角度已經變得越來越寬。」

「那就好。接下來，我們做的事情是換一種方式來表達情緒。」

陳逸藝看著他，一臉詫異地說：「還有其他的方式啊？」

第一編　　不要試圖和情緒講道理

　　李承軒看到她驚奇的樣子，不禁笑了起來，露出了潔白整齊的牙齒，說：「你知道，我們的生活是多元的。同樣的道理，表達情緒的方式也可以是多元的。先前我們用畫畫的方式來表達情緒，今天我們要嘗試一下用新的方式。」

　　說到這裡，他停頓了一下，問：「不知道你之前有沒有操作樂器的經驗？」

　　陳逸藝說：「上學的時候在學校的社團裡學過一些，會彈吉他。但是已經很多年沒有彈了，現在恐怕都忘記了。」

　　「那沒關係，反正我們今天也不彈吉他。並且也不需要你一定要懂得怎麼彈奏。」

　　聽到這裡，陳逸藝不禁露出疑惑的神色。

　　李承軒看著她疑惑的樣子，又笑了一下，說：「就如先前的畫畫一樣，你不需要懂得如何構圖、上色，一樣可以畫一幅畫，把自己的情緒給表達出來。音樂也一樣。」

　　說到這裡，他站起身來，從書桌後面拿出一個梯形的盒子，放在地板上，然後把蓋子打開。蓋子開啟之後，陳逸藝看到裡面放著一個木頭做的架子和幾塊長短不一的石塊。她很好奇地看著李承軒把架子放在他們面前的茶几上，然後把石塊有規則地擺在架子上。

　　擺好之後，李承軒又從牆角拿出一面小鼓。他重新坐下來，把鼓放在自己的膝蓋上，對陳逸藝說：「這個琴，我不知道叫什麼名字，是我無意中買到的。因為是石頭做的，就姑且叫做石琴吧。現在，我們來一次即興表演，我要跟你合奏一曲。在合奏的時候，你儘管敲擊你的石琴，不必受我的鼓聲影響。這次演奏的主題叫做『情緒的歌聲』。也就是說，我們透

過樂器,把情緒給釋放出來。所以,我們現在要做的事情,就是認真地體會音符從我們的心走過之後,自己內心情緒情感的變化,然後把這種變化透過音符表達出來。你無須考慮音節、音律,只需要去體察自己內心的情緒,彈奏出你內心的歌聲。怎麼樣?可以做到嗎?」

陳逸藝看著坐在自己對面拿著鼓棒、一臉認真的李承軒,內心也不由得興奮起來。她還不知道,原來心理諮商可以這樣進行。一直以來,她以為心理治療就是不斷地談話、不斷地翻閱過去、不斷反省,但顯然李承軒喜歡用更靈動的方式。

想到這裡,她坐正身體,把石琴往自己這邊挪了一下,然後拿起放在琴邊上的木製小錘,往石琴上輕輕敲。石琴發出「叮」的一聲清脆的聲音,像是某個幽靜的山中泉水流過石縫的響聲,非常悅耳。於是她忍不住又敲了一下,再一下。

李承軒在這個時候也開始用手輕輕擊打鼓面,發出「………… 」的聲音。陳逸藝此時正沉浸在悅耳的石琴聲中,突然聽到李承軒那低沉的鼓聲,內心震了一下,像是受到了某種打擊一樣。她下意識地想要去制止李承軒的敲擊,但是想到他剛才說的話,她不用理會他怎麼敲打,只需要自己全心投入,去體察自己的情緒,並把情緒透過石琴的聲音表達出來。想到這裡,她不禁在敲打的時候加大了力度,彷彿要對抗李承軒的鼓聲一般。

李承軒彷彿沒有聽到她的琴聲一般,依然用同樣的力度和速度敲打著鼓面,鼓聲雖然低沉,卻充滿了力量。

陳逸藝聽著這個和琴聲格格不入的聲音,覺得心煩意亂,好幾次甚至都忘了敲擊石琴,只想著要怎麼樣敲擊才能和李承軒的鼓聲抗衡。甚至,

第一編　不要試圖和情緒講道理

在試了幾次依然聽到李承軒那絲毫不變的鼓聲時，內心充滿了無力感和委屈感。她覺得自己的世界被入侵了。

她再也忍不住，抬眼看李承軒，卻發現他也正看著她。當兩個人的眼神互相碰撞時，她看到了李承軒眼睛裡流露著溫和堅定的神色，不由得怔了一下。忽然間她覺得靈光一閃，李承軒那一直沒有變過的鼓聲，就正如自己現在所處的環境。一直以來，自己都試圖想去改變它們，結果，雖然付出了努力，卻徒勞無功，反而把自己弄得傷痕累累。如果環境是不能夠改變的，那自己該怎麼辦呢？一直就這樣糾纏下去嗎？糾纏的結果，必然是重複以往的日子。那麼，為什麼不改變自己去適應這樣的環境呢？而自己想要得到的結果不正是希望改善現狀嗎？既然改變自己也可以達到這個效果，那麼為什麼還要堅持去改變環境呢？

想到這裡，她改變了自己敲擊石琴的力度，漸漸地，她的琴聲和李承軒的鼓聲糅合在一起。

當她聽到兩種不同的聲音和諧地交織在一起時，內心不由得一陣感動，熱淚頃刻間從眼眶中流了下來。於是，她停止了自己的演奏。

李承軒也停止了敲擊，看著陳逸藝，說：「在這個過程中，你感受到什麼了？」

陳逸藝說：「開始的時候，我總是想要去對抗你的鼓聲。後來我看到你絲毫不被影響，就想到了自己所處的環境，我總是希望我可以脫離這樣的環境，因為它讓我變成了現在的樣子。可是，後來我又想，也許是因為這樣的我，才造就了現在的環境。過去我總是希望改變環境，但是結果不盡如人意。現在我會想，也許要改變的是自己。就像我自己的情緒一樣，過去我總是試圖去掩飾自己的情緒，希望它消失。但是，情緒是永遠都不

會消失的,就像你那堅定的鼓聲一樣。於是我不再去對抗你的鼓聲,而是去接納、去跟隨。後來我發覺當我放棄對抗的時候,兩種樂聲交織在一起,聽起來非常優美和諧。我想,如果我以前就知道用這樣的方式,我今天也不會備受困擾。」

聽到這裡,李承軒高興地笑了:「聽到你的分享,我覺得非常開心。這就說明你對自己情緒的了解又加深了點,並且已經掌握了和它相處的模式了。」

陳逸藝被認可之後,也覺得很開心,笑著問李承軒:「老師,我需要去買一把琴嗎?」

李承軒微笑著搖搖頭,說:「其實,並非一定得是自己演奏的音樂才對情緒有幫助。現在有很多不錯的音樂,對調節情緒都有很好的效果。諮商完畢之後,我向你介紹幾首,你回去好好地感受一下。如果你覺得這樣不夠,想買一把琴,也是可以的,根據自己的需求吧。」

陳逸藝說:「好的。」

晚上吃完飯,陳逸藝坐在客廳裡畫畫。突然接到楊浩然的電話,他說自己剛從國外出差回來,給曉媛買了很多禮物,希望她能夠抽個時間過去拿。

陳逸藝說:「明天下午曉媛放學的時候,你過來接我們回家吧。」

楊浩然驚喜地說:「真的嗎?我可以看到曉媛嗎?」

「是的。我想通了,無論我用什麼方法隔開你們兩個,你始終是她爸爸,這是改變不了的事實。」

「逸藝,你怎麼好像變了?」

陳逸藝嘆了口氣,幽幽地說:「人總是會變的,不是嗎?」

第一編　不要試圖和情緒講道理

　　第二天下午，陳逸藝來到女兒學校門口，楊浩然顯然已經等了好一會兒，正坐在車裡開著車窗抽菸，看到逸藝，他咧嘴笑道：「我們一起進去，還是你去接她出來？」

　　陳逸藝說：「我去接吧，給她一個驚喜。」

　　當逸藝看到自己的女兒驚喜地撲進她爸爸的懷中時，眼睛不由得溼潤了。她能阻隔他們之間的訊息聯繫，卻永遠阻斷不了他們之間的血緣連繫。

　　曉媛從父親的懷裡脫離出來，看到媽媽站在身後沉默不語，馬上低著頭一聲不吭地回到她身邊。陳逸藝看到她的樣子，內心更加痛楚，回想自己過去那段因為憤怒和怨恨而無理取鬧的日子，她覺得自己真的虧欠女兒太多太多。

　　於是，她蹲下身子說：「媛媛，以前是媽媽不好，以後媽媽不會再阻攔你和爸爸見面啦。你想什麼時候見他就什麼時候見他，只要他也有空。」

　　曉媛猛地抬起頭來，睜大眼睛看著她說：「真的嗎？」

　　陳逸藝笑著點點頭。

　　曉媛突然在原地跳了起來，圍著她和楊浩然打轉，嘴裡不停地說：「我有爸爸啦，我有爸爸啦！」

　　見到如此高興的女兒，她的眼淚再也忍不住了。此時，她感覺到自己被摟進一個溫暖的懷抱裡，她淚眼婆娑地望著楊浩然說：「我真對不起她。」

　　楊浩然也溼潤著眼睛說：「不是你，是我對不起你們。」

　　見到女兒和楊浩然難分難捨，她答應了楊浩然的邀請，和他一起吃晚飯。在晚餐的時候，陳逸藝看到女兒興高采烈的樣子，不由得內心又一陣唏噓。

晚上，她坐在女兒的床前，望著她夢中都帶著笑的小臉，想起今天自己的表現，突然發覺當自己發現楊浩然是女兒的父親這個事實時，自己的心裡居然沒有了憤怒和怨恨的感覺。她想，自己的情緒炸藥包裡面的炸藥已經開始找到出口。

汪汪的委屈

早上八點半，陳逸藝站在已經擠滿人的公車站牌下等車。她遠遠看到128號公車向著車站開過來，於是從包裡拿出悠遊卡，準備上車。

車到站後，車門剛開啟，周圍的人就蜂擁而上，把陳逸藝擠到後面。她快速後退了幾步，即使如此，腳已經被人狠狠地踩了一下。

好不容易等到那些人都上了車，輪到她了，她剛剛踏上踏板，就聽見那司機說：「要上就上，不上拉倒，慢吞吞的，你腳有病啊？」

她一聽，氣馬上就來了。心想這個司機是怎麼回事呢？一大早就發這麼大脾氣，沒看到剛才人很多嗎？真是眼瞎。想到這裡，她不由皺著眉頭看了那司機一下。

雖然心中憤憤不平，但她還是馬上刷了卡並找了一個座位坐了下來。

坐在位置上，她的腦中不斷地回想起司機的那句話，想起來的時候，內心還有一種很不舒服想要大叫的感覺。

她心裡想，真是倒楣，一大早就遇到了一個脾氣不好的司機。本來，今天穿了新衣服上班，覺得挺開心的，結果現在一肚子的憤怒。

第一編　不要試圖和情緒講道理

　　她也知道，自己內心的憤怒是司機剛才不禮貌的態度引起的。他把他身上的情緒炸藥包扔到自己身上。但是，導致司機情緒爆炸的原因又是什麼呢？

　　回想以往，這樣的情況可以說是屢見不鮮。有時候坐計程車，也會看見司機因為要等紅燈而嘮叨，甚至罵人的現象。

　　他們這樣的情緒，是不是都會在路上宣洩掉呢？如果宣洩得不完全，帶回家中，那會是什麼樣子的呢？她不由得開始天馬行空起來。

　　她想像著，一位在外面辛苦奔波了一天的計程車司機回到家，他剛打開家門，他的妻子就從裡面走出來迎接他，她一邊把手往圍裙上擦一邊對他說：「你回來啦？」

　　這個時候，那滿肚子惱怒的司機沒好氣地對著老婆說：「不回來幹嘛？死在外面啊？」

　　司機的妻子沒有想到自己好心的問候，會遭到這樣的待遇。張嘴想要反駁，卻想到丈夫在外面賺錢不容易，於是就忍了下來，滿臉不高興地回到廚房煮飯去了。

　　她一邊煮，一邊還在想剛才被丈夫碎碎念的事情，心想：「搞什麼啊，這個家又不是只有你在工作。我還不是一樣出去上班，回家還要煮飯打掃呢，憑什麼你像大爺對丫鬟一樣地對我？真是不公平。」

　　她越想內心越覺得憤憤不平，於是下手變得又重又急，把鍋子弄得乒乒乓乓。

　　這個時候，兒子從學校回來了，他探頭到廚房問：「媽媽，我的新校服你放在哪裡了？老師要我們明天穿新校服。」

　　他媽媽內心正不爽快呢，聽到這個，沒好氣地說：「你自己找！都長

這麼大了還什麼事情都問媽媽，以後媽媽死了看你要問誰？」

說著說著，眼淚不由得撲簌撲簌地掉了下來。

司機的孩子一看到媽媽流淚，頭都大了，心裡也覺得特別委屈，衣服一向都是媽媽幫自己張羅的啊，今天這是怎麼了？

想到這裡，他垂頭喪氣地往自己的房間走去。這個時候，家裡的小狗汪汪見到小主人回來了，馬上跑過來親熱地圍著他「汪汪」地叫了幾下，希望主人和牠玩上一會兒。

誰知道，小主人今天心情不好，見到牠過來在腳邊糾纏不休，於是狠狠地踢了牠一腳，並大聲地喝斥說：「別煩我，閃到一邊去！」

汪汪被莫名其妙地踢了一腳，夾著尾巴老老實實地躲在客廳沙發後面，一動不動地趴著。

此刻，門鈴響了，原來是隔壁的老太太過來借點醬油。沒想到汪汪一聽到有人來了，立刻對著門「汪汪」地大叫，看到老太太進來，還想撲過去。如果不是司機及時喝住，牠很可能就撲到老太太身上去了。

老太太驚魂未定地站在門口不敢動彈，過半天才把來意說清楚。司機從廚房裡面拿出醬油給老太太的時候，老太太說：「這隻狗的脾氣可真是大啊！」

司機聽到這裡，不由得一愣，內心頓時覺得很不是滋味。

陳逸藝想到這裡，不由得抿嘴笑了起來。

笑完之後，她覺得自己內心的憤怒也減少了不少。

從這次的想像中，她看到了一個惡性循環的過程，也看到了一個人的情緒炸藥包爆炸之後帶來的後果。

第一編　不要試圖和情緒講道理

　　雖然，這不過是一個小小的生活事件，可是，如果這樣的生活事件越來越多地發生在這個家庭中，那麼他的妻子最後會變成什麼樣的人呢？她的兒子呢？甚至，他們家的狗呢？

　　她不由得又想起了自己的家庭，自己的父親母親和自己，不正是沿著這樣的軌跡走過來的嗎？

　　自己有時候也會忍不住把氣出在孩子的身上，這不正是又啟動了另一個惡性的循環嗎？想到這裡，她不由得一陣害怕，自己過去的生活正是和這個司機一樣。於是，她告訴自己，從現在開始，再也不會繼續用過去的模式生活了。

　　中午休息的時候，陳逸藝和同事們在休息室一起談起未來兩天要進行企業員工心理培訓的事情。

　　坐在陳逸藝左邊的譚美菱說：「聽說這次培訓是和情緒相關的，我看了一下課程表，是教人怎麼管理情緒的。其實，我覺得我自己的情緒蠻好的，倒是那些商店的店員才需要接受這種培訓，她們那些人的服務態度啊，要多惡劣有多惡劣。」

　　陳逸藝說：「我覺得公車司機和計程車司機也需要做一些相關的培訓才行，我今天早上就被一個司機莫名其妙地念了一頓。」

　　譚美菱說：「對啊對啊。我上次去商場買東西的時候還不是一樣，我不過是拿了幾個不同的商品對比一下價錢和品質。剛好有個店員在旁邊，我多問幾次，她就很不耐煩地說，『這些商品標籤上都寫啦，自己看就行了。』當我走開的時候，她竟然在一邊嘀咕，『沒錢就別買，買個一百多的東西還比來比去，丟臉。』你聽，那是什麼態度啊？」

　　陳逸藝聽到這裡，不由得打趣說：「總之啊，在我們的生活中有很多

情緒炸彈，一不小心啊，我們都有被炸的危險。這就像是恐怖分子在某處安放了炸彈一樣，只要是經過那個地方的人就會遇害，可憐的是死得不明不白的。我們剛才說的司機和店員就是凶手，我們都是可憐的受害者，雖然沒有死，卻很受傷。」

大家聽到這裡都笑了起來。

譚美菱說：「逸藝說的沒錯。其實你這樣一說，倒讓我想起，司機和店員其實不只是態度的問題，更多的是他們自己的情緒控制不好的問題。一個人情緒不好，態度自然惡劣，再糟糕一點就是直接把情緒發洩到別人身上了。」

陳逸藝說：「是啊。所以控制情緒是很重要的。一個人情緒不好，身邊的人也跟著受罪。」

譚美菱說：「看來這次的心理培訓，我們還是得好好地學習學習啊，我之前還一直以為沒有用呢，看來是我想得太簡單了。」

陳逸藝說：「反正是免費的培訓，我們就學，說不定學會了對自己的家庭還有好處呢。」

譚美菱說：「可不是。」

下班之後，陳逸藝沒有回自己的家，而是去了女兒的學校，她今天打算親自去接女兒回家。平時這個工作都是自己父親做的。

她到學校的時候，看見父親已經等在那裡了，正翹首往學校內張望呢。校園裡，學生們三三兩兩地走出來，準備跟大人回家。

她來到父親的身邊，叫了一聲：「爸。」

陳慶標聽到聲音轉過頭來，說：「小藝，你怎麼來了？」

第一編　不要試圖和情緒講道理

陳逸藝說：「我中午打了電話跟媽說今晚回家吃飯，下班的時候看還有時間，就來接曉媛下課了。」

陳慶標說：「曉媛昨晚還說要打電話給你，問你什麼時候回家呢。自從你上次帶她去見她爸爸之後，已經差不多有兩個星期了。」

陳逸藝有點心虛地說：「我最近忙呢。今天稍微有空我就來了。」

陳慶標說：「你的那個諮商，進行得怎麼樣了？」

陳逸藝說：「進行很順利。爸，這些日子辛苦你和媽了，幫我帶曉媛，我……」說到這裡，她哽咽著說不下去了。

這樣的話，她以前從來沒有對父親說過。雖然她面對父親的時候，總覺得比面對母親容易，但是在父親的面前表達感情，對她來說還是很困難的事情。她無法分辨在表達感情之前，讓自己張口欲言又恢復沉默的那種情緒是什麼。是羞恥，內疚，還是恐懼？她真的不知道。可是每次當她把話吞回肚子裡的時候，她就會覺得自己像是吞食了一大堆鉛塊一般辛苦。而這次，她終於可以把話說出來，她覺得輕鬆無比。

陳慶標輕輕地嘆了一口氣說：「只要你好起來，我和你媽辛苦點也沒有關係。我看，你這次氣色好多了，我也覺得開心。」

陳逸藝擦了一下眼淚，笑著說：「是的，我會再努力的。為了你們，為了曉媛。」陳慶標張嘴還想說什麼，只聽見一聲大喊「媽媽！」

一個小小的身影從校門裡竄出來，撲在陳逸藝的身上。

陳逸藝一把抱住女兒，感受到久違的親熱，眼淚忍不住流了下來。

楊曉媛看到這樣，狐疑地看看外公，陳慶標說：「你媽媽想你想瘋啦，看到你高興得哭了。」

曉媛於是抱著陳逸藝的腰說：「我也想媽媽啊。你有空經常回來不就可以了嗎？」

陳逸藝蹲下身子，緊緊抱住她說：「媽媽以後一定會經常回家看你，媽媽答應你。」

陳慶標對陳逸藝說：「好啦好啦，你看看你，都當媽了，還像小孩子一樣。快點回家吧，要不然你媽又嘮叨個沒完，說我帶曉媛到處跑。」

陳逸藝站起來，擦乾眼淚，拉著曉媛的手，跟在父親的身邊，向著家的方向走去。

這麼多年來第一次，第一次她感覺到，她面對著家人的時候，內心沒有抱怨和不耐煩。這麼多年來她第一次感到有家人在身邊走著，是如此地幸福。

胃痛不一定是胃病

週六，為了準備星期一開會用的資料，陳逸藝回公司加班。從中午開始，她的胃部就開始隱隱作痛，像是有一根看不見的線在牽扯著自己的胃壁一樣。她以為是沒吃早餐引起的，於是趕緊下樓買了個麵包充飢，但胃痛的程度卻有增無減。到了下午四點完成工作的時候，她已經痛得渾身無力了。

她癱坐在自己的位子上，用手按住胃部，只覺得那個原本是輕輕牽扯胃壁的線彷彿變成了一個小鑽頭，在胃壁上狠狠地鑽著，發出尖銳的刺痛

第一編　不要試圖和情緒講道理

感。她慢慢收拾好東西，掙扎著來到公司附近的一家小藥店，買了止痛藥服下。半個多小時後，疼痛的感覺才漸漸平復了下來。

上個星期她才去醫院照過胃鏡。當她拿到檢驗結果時，醫生卻說根據報告顯示，她的胃部一切正常。在確定自己沒有患病之後，陳逸藝感覺內心的一塊大石頭終於放了下來。但同時她又覺得奇怪，為什麼報告上顯示正常，自己卻時不時就胃痛呢？醫生對這個情況也沒有辦法解釋，只是叫她以後注意飲食，三餐準時。

這時，已經回到家的陳逸藝虛弱地靠在床上。經過胃痛的折磨，她的身體無比疲乏，但思想彷彿更清晰了。她突然想到，俗話說病由心生，如果自己胃痛不是因為胃部出了問題，那麼會不會和自己的情緒有關呢？自己經常處於焦慮狀態，是不是產生胃痛的原因呢？

星期二，陳逸藝又準時坐在李承軒的對面。這一次她穿著米白色套裝，長髮用一根木質的髮簪盤起，顯得優雅而美麗。

李承軒問道：「這幾天感覺還好吧？」

陳逸藝說：「挺好的，我覺得自己好像疏通過的水管一般，整個人都輕鬆了不少。」

李承軒笑著說：「想不到我還是水管清潔工。」

說完這句話之後，兩個人不由得相視笑了起來。

帶著微笑，李承軒說：「那麼，這一次，你想要和我談談什麼呢？」

陳逸藝說：「這一次我想談談我的軀體化問題。」

李承軒眼睛一亮：「真了不起，連專業名詞都知道。」

陳逸藝聽了他的話之後，不禁莞爾一笑，說：「我本來也不知道什麼

胃痛不一定是胃病

叫做軀體化。前幾天在公司加班，我又犯了胃痛的毛病。我剛做過胃鏡，醫生說胃沒事。我就突然想到『病由心生』這個詞，這是不是和我的心理狀態有關呢？於是我就上網查，發現『軀體化』這個名稱。不知道我的理解對不對，軀體化就是說有些不好的情緒如果長期得不到釋放，就會轉化成身體上的一些病痛。」

李承軒一邊點頭一邊說：「你理解得很正確。我一直都感覺到你的求知慾很強，這很好，會讓你更快地了解自己。那麼，現在你來和我談談，你的軀體化症具體有哪些，好嗎？」

陳逸藝說：「我還在很小的時候，就有頭痛的毛病。從什麼時候開始的，我已經不記得了。小時候爸爸媽媽以為是發燒感冒引起的，也沒有在意。每當頭痛的時候，就帶我去看醫生，吃藥打針。這幾年，頭痛少一點了，可是開始胃痛了，這是以前沒有過的。」

李承軒聽了之後沒有出聲，點點頭表示了解。

陳逸藝說：「我覺得，這些是有規律的。每當我心情不好或者是很焦慮的時候，各種症狀就會表現出來。我記得最清楚的一次，是我和我的第二個先生，為了要不要接他媽媽過來住的事情爭吵，吵得很厲害。他堅持要接自己媽媽過來住，盡孝心。但是那個時候我身體不好，而且很怕吵鬧，所以就說等我養好身體再接過來。他不聽，用很難聽的話罵我，那時候我就覺得好像有人在腦袋裡面大力地敲打一樣，痛得都站不住了，後來倒在地上。當時我們兩個人都嚇壞了，趕快到醫院檢查，也沒有發現什麼異常。」

李承軒沉吟了一下，說：「當時你不知道，現在，你明白是怎麼回事了吧？」

第一編　不要試圖和情緒講道理

　　陳逸藝說：「是的，現在我基本上明白了。我應該找一個正確的方法去解決我的情緒問題，而不是讓情緒在心裡交織成一團亂麻，越積越多，最後不得不以軀體化的症狀表達出來。」

　　李承軒點點頭：「我聽了你的講述之後，發現你已經對自己的情況了解得更加透澈了，首先恭喜你。那麼，我今天就給你安排一個放鬆練習，這個練習會讓你目前的情況有所改善的。」

　　陳逸藝好奇地問：「是催眠嗎？」

　　李承軒微笑著搖搖頭：「不是催眠。放鬆主要是對身體而言。現在，我先跟你說明一些原理。我們的身體和心理兩者之間是相互影響的，比如你現在說你的情緒影響到身體，令你不適，但是有時候身體不適也同樣影響你的情緒。我們透過身體去釋放我們的情緒，同時也透過情緒來表達我們的身體。所以我現在要採取的方式就是讓你的身體放鬆下來，當身體的肌肉放鬆了以後，心裡的情緒自然也會跟著有所緩解。比如說焦慮或恐懼的強度，會減輕一些。你告訴我，你是不是經常覺得身上的肌肉很緊繃？」

　　「是啊。特別是遇到什麼事情的時候，我背上的一些地方特別緊，緊繃到甚至有肌肉僵硬的感覺。」

　　「如果我們身體是可以收放自如的，肌肉是可以隨著情緒的變化而調整的，那麼我們的情緒就能改善。情緒改善了，體化症也就消失了。現在，我教你一套肌肉放鬆法，很簡單，做起來也很簡單。」

　　「放鬆訓練就在這裡進行嗎？」

　　「是的，現在，你找一個自己感覺最舒服的姿勢坐好。兩個腳底請踏在地板上，保持和地面接觸。」

陳逸藝調整了一下自己的坐姿，以自己覺得最舒服的姿勢坐在沙發上。她剛剛把眼睛閉上，耳邊就傳來一陣柔和的音樂聲，李承軒溫柔的聲音也輕輕傳過來。他的語調非常柔和，彷彿是一陣春風吹拂而來：「現在，請你調整好自己的呼吸，集中自己的注意力，關注自己的腳趾……」

陳逸藝按照聲音的指示，把意念集中在自己的腳趾上。

「你感覺到你的腳趾放鬆了下來，慢慢地變軟，擴展，肌肉沒有那麼緊了……你全部的腳趾都變得很鬆。現在，你把你的注意力放在你的整個腳上面，你會發現你的整個腳底板都變得很鬆，血液在裡面自由地流動，每一寸肌膚都開始張開……」

陳逸藝覺得自己好像是一件被別人扔在牆角多年的器皿，身上已經布滿了灰塵。現在有一個人正拿著撢子輕輕地掃著她的全身，掃去她身上厚厚的灰塵，讓她變得就像是新買回來的一樣光潔動人。隨著那個聲音，她又覺得自己好像化成了輕煙一般。最後，她好像已經聽不到李承軒說話了，只覺得自己躺在一團軟綿綿的棉花裡。那些棉花就像是一雙雙溫暖的手，逐漸地化解著她身體上的力道，那些平時緊繃的神經在一點一點被瓦解……

不知道過了多久，陳逸藝的耳邊傳來李承軒清晰的說話聲：「好了，你現在慢慢睜開自己的眼睛，慢慢地活動一下你的身體，然後，輕輕地坐起來。」

當她坐起來之後，就看到李承軒站在身邊，微笑地看著她：「你現在覺得怎麼樣？」

「我現在覺得很舒服，好像好好地睡了一覺。這一覺醒來，彷彿身體內部的垃圾全都清空了一般。」

第一編　不要試圖和情緒講道理

「這個方法，你回去之後，也可以反覆練習。做放鬆訓練的時候，你可以聽一些舒緩的音樂。」

「可是，我不知道該怎麼做。」

「我現在給你一個示意圖，你照著圖上的指示，自己練習就行了。每天堅持做半個小時，連續做半個月。你就會發現身體慢慢地展開了，你的情緒就會蒸發。」李承軒說完之後，交給陳逸藝一張圖，陳逸藝接過來一看，圖上畫著一個人形，用紅點標示著一些經絡和穴位。圖的下面，密密地寫著幾行字。她細細地看了一下，發現正是剛才李承軒對她說的那番話。

「那真的很神奇，當我睜開眼睛時，覺得自己好像煥然一新，由內到外都一塵不染。」陳逸藝坐在一間茶餐廳裡，邊吃著套餐，邊興高采烈地向坐在對面的男人說道。

那人說：「心理學本來就是一門神奇的學科。既然這個方法對你管用，那麼你就按照這個方法認真去練習。」

陳逸藝說：「是的，李老師說只要堅持一段時間，我身體和心靈之間的連結就會打通，身體上的一些病痛就會減少，甚至會消失。」

那人聽到這裡，很高興地說：「那就好了。真希望你能夠快點好起來。」

陳逸藝歪著頭斜睨著他：「怎麼了？過去的我太惡劣，讓你受不了是不是？」他望著她的眼睛，一字一句地說：「無論你從前是什麼樣子，我從來都不會覺得受不了，只是心疼你。所以，我迫不及待地想看到你全新的樣子。這樣，你才會活得幸福、活得開心。」

陳逸藝拿起茶杯喝了一口茶，笑著對他說：「哪怕我好了之後離開你，也沒有關係嗎？」

那人沒有再說話，只是一言不發地把放在自己面前的茶一口喝完。

陷入哀傷的漩渦

　　七月的某天，陳逸藝出差結束，回公司報到之後，就風塵僕僕地趕回家。這次的行程非常順利，原本預計要半個月才能完成的工作，提前幾天就完成了。出差在外已有 10 天，陳逸藝歸心似箭。就算有多的時間，且美景當前，她也不想繼續逗留，只想快點回家。

　　她沒有打電話告訴段明君她今天能回來，因為打算給他一個驚喜。

　　到家門口已是下午 3 點，她心裡盤算著，回家休息一下，再去超市買菜，還來得及做一頓豐盛的晚餐，等段明君下班回家來吃。這 10 天出差在外，餐餐都是從簡，讓她非常想念自家的美食，還是家裡的飯菜最好吃啊。想到這裡，陳逸藝的口水都要流下來了。她一邊嚥著口水，一邊用鑰匙打開門，正把行李箱往房子裡拖，突然抬頭看見客廳地板上散落著幾隻鞋子，她不由得僵住了。

　　因為那些鞋子顯然是匆匆忙忙脫下來的，而且，除了段明君的皮鞋之外，還有一雙紅色的高跟鞋。陳逸藝一眼就可以看出，這雙鞋子並不屬於自己。

　　臥室的門本來虛掩著，此刻，似乎是聽到她發出的聲響，段明君從房間裡面衝了出來，看到她之後，嚇了一跳，馬上又衝了回去，鎖上門。陳逸藝看到地上紅色的高跟鞋之後，心裡已經大概明白了是怎麼回事。但是當她看到段明君光著上身只穿著一條內褲就走出來的時候，還是忍不住憤怒得渾身發抖。

　　她一動也不動地站在客廳中央，不知道自己該做什麼，腦子裡是一片

第一編　不要試圖和情緒講道理

空白。恍惚地站了一陣子，陳逸藝才像突然醒過來似的，衝上去用拳頭捶打著臥室房門，哭著吼道：「出來！段明君！你給我死出來！」

房間裡面依然沒有動靜，她卻已忍不住哭倒在地板上。她真是覺得委屈極了，自己為了這個家辛苦工作，整天東奔西走，結果到頭來卻要面對丈夫的背叛。

她又想起自己過去兩段失敗的婚姻經歷，她不知道生活為什麼一次又一次地和她開玩笑，她不知道自己上輩子究竟做錯了什麼事情，要遭受這樣的懲罰。

等她從悲傷中清醒過來的時候，她發現，那個女人已經悄悄地溜走了。只有段明君一個人坐在客廳的沙發中，悶頭抽菸。她知道，段明君現在明目張膽地把那個女人帶回家裡，顯然是已經認識一段時間了。那麼，極有可能每次當她出差離開家的時候，他們就會在一起鬼混。想到這裡，她就覺得無比的屈辱。隨手摘下自己腳上穿著的鞋子，向段明君扔了過去。

段明君正埋頭抽菸，冷不防被尖尖的鞋跟扎了一下，額頭有一處皮膚被敲破，讓他疼痛難當。

他唰的一聲站起身來，走到陳逸藝的面前，揪起她的衣領，一巴掌就想要掃過去。

陳逸藝也不哭了，側著頭冷冷地看著他，一言不發。段明君看到她冰冷的眼神，最終把她放下來，自己摔門而去。

望著段明君的身影消失在視線內，陳逸藝不由得哭倒在冰冷的地板上。她一邊哭，一邊隨手抓著可以抓住的東西用力撕扯著，彷彿只有這樣，內心的痛苦才能宣洩出來。

段明君當晚也沒有回家，從此之後，兩個人再次陷入了冷戰。

出差回來之後，陳逸藝拒絕再出差。為此，部門主管十分苦惱。平常那一帶的客戶都是她在處理，每次有客戶回饋說產品出現問題的時候，她會立刻過去解決，工作努力而且出色。但突然之間她像換了一個人似的，客戶的投訴也不處理了，即使處理，也是要麼丟三落四，要麼態度惡劣，為此給公司添了不少的麻煩。

公司曾針對她目前的情況對她發出警告，並念在她以前的工作表現良好，願意給她一個機會，讓她重新糾正自己的行為，步入正軌。誰知道事情愈演愈烈，後來她發展到每天上班不是遲到就是早退，最終遭到公司的解僱。

失業之後，陳逸藝每天都待在家裡足不出戶，只要段明君在家，就找碴和他爭吵。

段明君並不是絲毫沒有悔過的表現。有幾次，他嘗試和她坐下來談談，希望可以解決彼此之間的問題。陳逸藝自己也覺得，事情要解決單靠發脾氣是不行的，也願意坐下來好好面對。

剛開始談的時候，大家都能夠心平氣和，結果不用多久，陳逸藝就開始扯舊帳，朝段明君發火。段明君不願意再次和她發生衝突，唯有離家而去，有一段時間，幾乎不再回家，即使回家也是拿了換洗衣服就走。

這天段明君又回家拿衣服，陳逸藝坐在床上，看著他把衣服一件一件地收拾進自己的旅行袋，內心充滿了痛苦。過去，他們之間雖然沒有山盟海誓，但是起碼能夠做到相親相愛，現在，所有的一切就像是做了一場夢一般消散了。過去他對待自己就算不能做到噓寒問暖，起碼也很體貼，而現在，自己就在他的眼前，他卻當她是透明人一般視而不見。是不是變心

第一編　不要試圖和情緒講道理

之後的男人都是這樣無情，說變就變？過去他們之間的感情，難道沒有留下一點嗎？還是在最近的冷戰中已經消耗殆盡了？今天大家會落到這步田地，究竟是誰的錯呢？

段明君離開家裡之後，陳逸藝躺在床上不吃不喝。她知道，事情鬧到這個地步，自己的婚姻一定是沒有挽回的餘地了。

這段日子，每當想起和段明君在一起時的美好生活，她就忍不住哭泣，忍不住地責怪自己，為什麼不願意原諒段明君，給他一個機會，也給自己一個機會。

其實兩個人在相識的時候，也是情投意合的，她帶著惶恐走入這段婚姻，想不到卻再一次經歷失敗。她覺得，當這次的婚姻也走向盡頭的時候，生活已經完全被絕望掩埋，她的人生，再也看不到希望的影子了。於是，她木然地坐起身來，開啟床頭櫃，拿出平時累積的安眠藥，全部吃了下去，然後蒙頭大睡，等死。

陳逸藝說到這裡，嘆了一口氣。這一口氣，讓諮商室裡面的氣氛有所緩和，兩個人總算從悲傷的氣氛中稍稍脫離出來。

「最後，我當然沒有死成。那天段明君忘記帶身分證，回來拿。他看到空藥瓶，並且發現我不省人事，立刻把我送到醫院。因為送醫及時，我撿回了一條命。但是，人雖然救活了，我和他之間的婚姻，卻再也救不活了。」

李承軒靜靜地聽完陳逸藝的講述，在確定她講完之後，站起身來，在諮商室的白板上面並排畫了幾個圓圈，並且在圓圈上面分別標明 A、B、C，然後用箭頭把圓圈互相連起來。陳逸藝不明所以地看著。

李承軒說：「你想想看，你內心那麼多的負面情緒，也就是憂鬱和悲

傷，是從什麼時候開始的？」

陳逸藝說：「發生了這一連串的事之後。」

「心理學上，前者稱為刺激事件，後者稱為情緒反應。面對那些事件，當你認為自己無能為力的時候，會產生悲傷的情緒。」

「也就是說，如果我自己能夠清醒一點，理清自己的情緒，理性果斷地處理事情，就不會產生憂鬱情緒了？」

「是的。很多時候，不良情緒的產生，是因為錯誤的認知。比如，在你剛才的敘述中，你會覺得，自己沒有能力再經營好一段婚姻，你的婚姻不管怎麼樣，總是會失敗。同時，你有沒有想過，在處理婚姻問題的過程中，你採取了什麼樣的應對方式？」

陳逸藝低頭想了一下：「我和他爭吵。」

「這樣的應對方式，有效嗎？」

「肯定沒效。」

「事實上，失敗的婚姻，並不是逸藝你一個人才會遇上的，現今社會，很多人都會有很難經營婚姻的感覺。但是，卻依然有成功的例子，不是嗎？」

「是的。」

「那麼，那些成功的人是怎麼經營自己的婚姻的呢？他們在婚姻中遇到問題的時候，是怎麼解決的呢？他們的應對方式，和他們的情緒之間，又有什麼關聯呢？」

「他們也許很理性，在遇到了情感問題或家庭問題之後，能夠很快走出來。」

第一編　不要試圖和情緒講道理

「如果，他們不能走出來，會怎麼樣？」

「如果不能夠走出來，就不能夠很快地解決這個讓自己覺得難過的事情，就會繼續處在悲傷當中，像我一樣。」

「你說得很好。我們知道，一個人一旦產生了悲傷的感覺，就彷彿是被泡進了冰水裡，心會逐漸凍結，失去柔軟，失去知覺。一些錯誤的認知就會相應產生，你當時對於這件事情是怎麼想的呢？」

「一開始我也樂觀過，但是隨著我和段明君吵架的次數越來越多，我就覺得我再也無法解決這個問題了。我甚至覺得不單我和段明君的問題不能解決，以後，就算和別人再結婚，我也一樣會陷入這樣的漩渦中。於是我開始懷疑自己的人生，懷疑婚姻是不是還有希望，不斷地鑽牛角尖。最後，我覺得我的人生完了，沒有任何希望可言了。於是，我就想既然活著已經沒有任何意義了，不如死了算了。」

李承軒笑著說：「還好你沒死，要不然，你今天就不能再次感受到愛情的甜蜜了。」

陳逸藝不好意思地笑了一下：「唉，當時就像是有一個魔鬼拉著我前行一樣，我都忘卻了外面的世界，只活在自己的世界當中，我甚至把電話的插頭都拔了。我那時認為我已經無路可走，除了自殺。」

「你現在回想起來，有什麼感覺？」

「很害怕。還有慶幸，慶幸自己沒有死成。」

李承軒點點頭，說：「那麼，我們現在來做一個假設，如果你需要重新面對這樣的事情，你會怎麼做？」

陳逸藝笑了，說：「透過這幾次的諮商，我感覺到自己已經可以掌控自己的情緒了。我不會再像過去那樣，用爭吵的方式來解決。我會按照你

畫的圖那樣，讓事情變得明朗清晰，避免讓自己再鑽進死胡同。」

李承軒說：「很好。以後當你覺得悲傷的時候，多給自己一種可能，給自己多尋找一條出路，能做到嗎？」

陳逸藝說：「可以，我已經完全有信心做到了。」

李承軒看著陳逸藝，露著他那種特有的、溫暖的笑容，說：「我相信你會做得越來越好的。」

陳逸藝看著他那溫暖的笑容，內心不由得又湧起一陣感動。她覺得，遇到李承軒，是她這輩子最大的幸運。

晚上，當陳逸藝在客廳裡敲著新買回來的石琴時，不由得想起李承軒對她說的那些話，「當你覺得悲傷的時候，多給自己一種可能，給自己多尋找一條出路」。當時，她對李承軒說「我完全有信心做到」，其實，她的內心並沒有多大的把握。的確，她覺得自己內心的悲傷就像是某種藤蔓植物，時而茂盛，時而枯萎。她有時候忍不住會懷疑悲傷已經根植在自己的生命之中。只要找不到根源，她就不可能徹底地剷除它。也許，她還是應該靜下心來面對現實，找到它的來源，只有這樣，自己才有信心可言。

菸頭戳到手臂的快感

陳逸藝目送那人遠去之後，關上門，重新躺回床上。偌大的空間裡，又只剩下自己一個人。她突然覺得內心一陣難受，於是從床頭抽屜中拿出一包菸，抽出一支點燃了。

第一編　不要試圖和情緒講道理

　　當激情消退之後，她的內心不再擁有充實的感覺。充實的感覺彷彿不過是一瞬間的事情，不過是一種幻覺。每次，只要空間裡又只剩下自己一個人，她就忍不住覺得孤獨，哪怕曾經有人在自己的耳邊情話綿綿，她依然不會有絲毫真實的感覺。所有發生過的一切，彷彿不過是一場夢，一個電影中的片段。

　　想到這裡，她不由得把菸頭轉向自己的手臂，按了下去。當菸頭的火星熄滅在肌膚的紋理中時，當疼痛的感覺隨著輕煙升起時，她並沒有多少痛的感覺，相反地，有一種釋放的快感。這樣的感覺，她既熟悉，又害怕，卻一直無法擺脫。

　　下午兩點，在李承軒的諮商室，兩個人一如以往相對坐著。

　　陳逸藝說：「在性關係上，我感覺自己好像是一個飢餓的吸血鬼，怎麼吸都填不飽肚子。而且，每次當他離開之後，我就會有強烈的孤獨感。我的孤獨為什麼比別人多？為什麼我會這麼害怕孤獨？以前，每當我想要結束一段關係之前，我都會先選好另一個人。如果我還沒有找到『備胎』，我就不願放手。只要一想到自己的身邊會沒有人，我就受不了。我為什麼會這樣？很多時候，我知道我要的並不單純是性關係，但是，我在他們的身上，到底想要得到什麼？如果我不和他們發生關係，我會得到什麼？我不知道。」

　　李承軒說：「性代表的是什麼？你問得很好。性代表的是一種身體的連結，身體與身體之間的接觸，能夠滿足人內心的依附需求。你要的不是一段性關係，你要的只是希望自己的依附需要能夠得到滿足。」

　　陳逸藝說：「什麼是依附需求？」

　　李承軒說：「依附是心理學上的一個術語，通常是指嬰幼兒與照料者

之間的情感連繫。依附需求則是指個體因缺乏愛的體驗而產生的一種內心不平衡的狀態。」

陳逸藝說:「這種不平衡的狀態是怎麼產生的?」

李承軒說:「這種不平衡的狀態最早可以追溯到童年,依賴父親母親照顧的時候。兒童的依附模式有三種類型,每種類型的依附風格都不同。照顧者如果清楚自己的孩子屬於哪一種類型,可以根據這一點調整教養的方式,這樣,孩子長大後內心不平衡的情況就會相對減少。你或許可以回憶一下你以前和父母相處的模式。」

陳逸藝想了想,說:「我小時候和我媽不是很親密,和我爸好一點,但是他很忙、很少在家。而且我媽生下我之後沒有親餵,我是喝奶粉長大的,我記得她也很少抱我。長大之後,我們更是沒有肌膚接觸過。這會不會就是造成我失衡的原因?」

李承軒說:「依附模式通常形成於嬰兒期,並且會一直延續到成年,並在親密關係中顯現。成年人所建立的人際關係反映著他們與母親的依附風格。所以,你每次飢不擇食地投入一個人的懷抱時,其實也許並不是因為你愛他,在這裡,愛已經變得不重要,重要的是不能沒有關係。」

陳逸藝說:「是的,每次只要想到最終會剩下自己一個人,我就受不了,我就有一種要瘋掉的感覺。我會告訴自己,不行,我得找一個人,隨便哪一個,願意和我在一起的就行。有時候,我覺得自己很變態。」

李承軒說:「我認為任何一種模式都沒有對錯。這只是你尋求依附滿足的一種方式。任何一個人都會有依附的需求,而我們最原始的依附是什麼呢?就是身體依附,在我們幼年,和我們最初有身體接觸的人是媽媽或爸爸。那長大以後我們依附誰呢?自然是跟我們的伴侶。透過什麼樣的方

式呢？其實還是透過身體接觸的方式，不過形式不同罷了。這就說明，從一開始我們就是有這樣的需要的。如果在 3 歲之前，依附的需求不能得到滿足，個體會感覺很沒有安全感。並且那種空缺會一直存在。我們在成年之後，有機會彌補之時，就會抓住一切機會彌補。這一類人往往年紀很小就開始談戀愛，開始有情感關係。」

陳逸藝說：「是的，我讀小學的時候，很聽話，成績很好。但是到了國中的時候，就開始交男朋友了。那時候，社會風氣還沒有這麼開放，我的母親對我非常失望，說我敗壞家風。為此，父親還曾經對我動粗。但是，他們越是對我不好，我越是希望有人來愛我、呵護我。我不知道當時交男朋友是不是出於愛情，我只是覺得，自己那麼可憐，有人陪自己說話，就覺得很感激了。甚至，後來和我在一起的男人提出要和我發生關係，我明知道不對，也沒有拒絕。事後，我哭得半死，卻毫無辦法。因為害怕自己不這樣做，那個人就會離開我。」

說到這裡，陳逸藝再也忍不住，失聲痛哭。

李承軒見她痛哭，也不出聲阻攔，而是靜靜地坐在她的對面，等待著她。

陳逸藝哭了幾分鐘之後，慢慢地收斂了一下自己的情緒，接過李承軒遞過來的衛生紙把眼淚擦乾淨，然後難為情地笑了一下，說：「真不好意思。一說起這個，我就控制不住。」

李承軒看著她，點點頭，說：「我能理解你的心情。除了身體上的依附，我們還有心理上的依附。心理依附就是說有人在身邊會感覺到安全一些、踏實一些。甚至每個人的心裡都有想念的人，這也是一種需求。你設想一下，如果一個人心裡沒有想過任何人，他每天都不會想到任何人，這

個人是什麼樣的人?」

陳逸藝問:「精神病人?」

李承軒說:「就算不是,應該也不遠了。」

說到這裡,兩個人相視笑了起來,諮商室的氣氛於是變得輕鬆了一些。陳逸藝不由得伸展了一下自己的身體,覺得內心的鬱結彷彿開啟了一些,不再有那種被勒得窒息的感覺了。

李承軒說:「想著別人,或被別人想,都是一種心理上的依附需求。我們可以這樣去理解,為什麼自己總會不停地想要別人跟自己發生關係?自己和這些人在一起的時候,其實不見得是愛,那麼,究竟是為了什麼,自己要和他們在一起呢?就是為了滿足內心缺失的心理需求。隨著你第一次和人發生關係,當你發現這樣做不但能滿足自己的身體依附,也能滿足心理依附的時候,你就會認定這是一個有效的模式,於是你就會不斷地重複使用。」

陳逸藝說:「是的,的確是這樣。」隨後又擔憂地說,「那我以後怎麼辦?我會不會好不了啊?」

李承軒說:「給自己一些時間去調整,會有所改變的。事實上,我們還可以透過增加一些新的社會關係,來增加自身的安全感。只要自身的安全感足夠,你就會逐漸地減少用那樣的模式了。」

陳逸藝問:「什麼是新的社會關係?和父母的關係嗎?」

李承軒說:「親密關係只是社會關係中的一種。你現在要去做的事情,是建立除了親密關係之外的其他關係。現在,你可以學著從另外一群人那裡獲得一些別的東西,比如友誼,而不一定非要從媽媽那裡去獲取。你已經是成人了,不必按照小時候的方式。這些社會關係——比如跟兄弟姐

第一編　不要試圖和情緒講道理

妹的關係，跟朋友和同事的關係──雖然沒有親密關係對自己的影響那麼重大，但是同樣是不可缺少的。你現在有多少個朋友？有幾個比較談得來的閨密？」

陳逸藝側著頭想了一下，說：「沒幾個。」

李承軒說：「友情對你來說也很重要，你認同嗎？」

陳逸藝有些疑惑地說：「我不知道，真的很重要嗎？」

李承軒問：「你覺得朋友是一個什麼樣的概念？」

陳逸藝說：「無話不談，嗯，有煩惱可以向她傾訴。」

李承軒說：「對，正是如此。你以前所依賴的模式，並不能完全解決你缺乏安全感的問題，那麼，你需要去嘗試用其他的方式來解決。獲得友誼，就是其中的一種。」

陳逸藝說：「我不習慣和女性交往。我覺得她們不會順從我。」

李承軒說：「不一定要一對一地建立友誼，你可以去參加一個心靈成長的小組。這樣的小組通常會有很好的規範，都很安全。然後，在你認為恰當的時候，可以試著去和別人分享自己的故事。當你在這個小組中得到了理解和共鳴的時候，你內心孤獨的感覺就會消除一些。慢慢地，你的內心就會變得強大，變得安全，不會總是感覺到孤獨。這時候你不會因為害怕沒有人在你的身邊，就不加考慮地去接受一段關係，而是會開始考慮自己的真實感受，那時候，你就能夠享受到真正的感情。」

陳逸藝說：「雖然我不確定你說的是不是真的，但是，我會試試看的。」

李承軒說：「很好，你一直都很努力。我相信，這一次你同樣可以做到。接下來的幾個星期，因為我要去其他地方演講，諮商要中斷一段時間，所以我建議你參加心靈成長小組，是希望在諮商中斷的期間，你用其

他的形式進行自我探索。我相信，一個良好的成長小組對你來說是很有幫助的。」

雖然幾週前李承軒就告訴了陳逸藝這次之後諮商就要告一段落，但是當這一刻真的來臨時，她還是產生了一種很不捨的感覺。因為她已經習慣了每週見他一次。

李承軒的諮商室對她來說相當於一個充電的地方，她的負能量可以在這裡得到完全的釋放。而一下子要中斷，她覺得有些徬徨，不知道自己停止諮商之後，會不會出現反彈的情況。她覺得，中斷諮商就像是斷藥一樣。想到這裡，她有點擔憂地說：「那我什麼時候才能見到你呢？」

李承軒說：「我回來之後，助理會和你聯繫，到時候我們再定具體的諮商時間。」

陳逸藝說：「好的。」

她想，中斷諮商也好，就當作是一個中間測試吧。檢驗一下自己在這個過程中是不是真的收穫了什麼。

李承軒說：「那麼，今天的回家作業就是建立一個或兩個友誼關係。同時，你把建立關係時發生的事情都記下來，重要的是寫感受。下次來見我的時候，帶給我。」

陳逸藝回去之後，在網路上尋找附近的心靈成長小組。幾經選擇之後，她決定參加一個叫做「心靈灣畔」的成長小組。這個小組在每個星期三舉行一次活動，活動的形式多變，但是都是圍繞著心靈成長設定內容。這個心靈成長小組是去年開始舉辦的，有幾個固定的老成員。

她帶著好奇的心態去參加了「心靈灣畔」舉行的讀書會。參加的人員有男有女，每個人都很友善。知道陳逸藝是第一次參加，都很照顧她。在

第一編　不要試圖和情緒講道理

　　那個讀書會上，雖然自己發言不多，但是成員們都很尊重她，讓她覺得很溫暖。

　　在活動的中間休息時間，她和坐在旁邊的林鳳聊得很投機。林鳳比她小幾歲，長得小巧玲瓏，很善解人意。雖然有年齡的差距，但是陳逸藝和她相處的時候卻感覺不到任何隔閡。兩個人有共同愛好，並且都從事人力資源工作，於是聊起來的時候，話題源源不絕。

　　從小到大，陳逸藝都沒有什麼特別知心的朋友。讀大學的時候，她曾經有一個很要好的朋友，只是畢業之後，兩個人都回到了自己的家鄉，一個在南部，一個在北富。雖然偶爾還有聯繫，但是感情卻逐漸地變淡了。這個時候遇到林鳳，她覺得似乎又找回學生時代遺失的友情了。

不給孩子繼承的財產

　　李承軒在外演講的這段時間，陳逸藝每個禮拜都堅持去參加心靈成長小組的活動。在這個成長小組裡，除了林鳳，她還認識了其他的成員，偶爾也會參加小組活動。中斷諮商的第一個禮拜，她有些不習慣，有種失落和無依無靠的感覺。後來，這個小組逐漸彌補了她的這些感覺。

　　再次回到諮商室已經是一個月之後的事了。李承軒穿著白色的襯衫和淺藍色的牛仔褲，眉宇之間神清氣爽，顯得意氣風發。猜想他這次外出講學一定很順利。陳逸藝不由暗暗替他開心。彼此簡單地分享了自己最近的心情，李承軒讓她先看一段文字。

1920年，在印度加爾各答附近的一個山村裡，人們在打死大野狼後，在狼窩裡發現了兩個由狼撫育的女孩，其中大的七八歲，被取名為卡瑪拉；小的約兩歲，被取名為阿瑪拉。後來她們被送到一個孤兒院去撫養。阿瑪拉於第二年死去，卡瑪拉一直活到1929年。孤兒院的院長J. E. 辛格（Jerome Everett Singer）在他所寫的《狼孩和野人》一書中，詳細記載了這兩個狼孩重新被教化為人的經過。

狼孩剛被發現時，生活習性與狼一樣：用四肢行走；白天睡覺，晚上出來活動；怕火、光和水；只知道餓了找吃的，吃飽了就睡；不吃素食而要吃肉（不用手拿，放在地上用牙齒撕開吃）；不會講話，每到午夜後像狼似的引頸長嚎。卡瑪拉經過7年的教育，才掌握45個詞，勉強地學了幾句話，開始朝人的生活習性邁進。她死時猜想已有16歲左右，但其智力只相當於三四歲的孩子。

陳逸藝抬起頭來，對李承軒說：「看完了。這個故事和我有什麼關聯呢？」

李承軒問：「你讀了這個故事之後，有什麼特別的感受嗎？」

陳逸藝想了一下，說：「太悲慘了。」

李承軒問：「除此之外，你還想到什麼？」

陳逸藝說：「我看到了環境對一個人的影響。」

李承軒說：「很好，你一下子就說到重點了。現在，容我先賣一個關子。我們再回到你的故事中。你剛才跟我說，雖然你現在控制情緒的能力增強了，但還是發現自己的情緒在親密關係中依然存在不穩定的現象，你經常會發怒。我想知道在你和同事相處的時候，會不會也存在這樣的情況？」

陳逸藝說：「和同事相處的時候，這樣的情況很少發生。」

第一編　不要試圖和情緒講道理

　　李承軒說：「好的，現在和我詳細地說說相關的經歷吧。」

　　陳逸藝說：「上個禮拜，我生日，我男朋友請我吃飯。他最後訂了一家西餐廳，那餐廳的氣氛很好，我很喜歡，可是長壽麵煮得很難吃，我就很不開心。他為了安慰我，想辦法逗我笑，可是我卻順勢把火發到他身上了，讓他覺得很難堪。其實我內心也知道，這根本不關他的事，麵又不是他煮的。但是，我就是控制不住想衝著他發火。」

　　李承軒點點頭，說：「除了對現在的男朋友，在以前也是這樣嗎？」

　　陳逸藝說：「是的，這樣的事情，在段明君的身上也發生過。事實上，一開始交往的時候，我們之間相處得很融洽，但是後來，我不知道為什麼總是和他爭吵，吵到他受不了。」

　　說到這裡，陳逸藝嘆了一口氣，眼睛溼溼的：「我真害怕我會一直這樣下去。雖然我現在對自己的情緒掌握得還不錯，很少發無名火了，但是這樣的事情上個禮拜又發生了。李老師，當我看到他那難堪的表情，心裡好難受、很自責，問自己為什麼當時就是控制不住呢？人家一片好心，讓我毀了。其實，這還是小事，我很害怕，我又會毀了我和他的關係。我……我……曾經就因為這樣，而毀掉了一段感情。」說到這裡，陳逸藝大聲地哭了起來。

　　等情緒緩和了一些之後，她又開始訴說自己的經歷：「一年半前，我和段明君離婚之後，遇到一個男人。他對我很好，是我青梅竹馬的同學。我們那時是鄰居，經常一起上學放學寫作業，雖然沒有成為一對，但是感情非常好，後來，我跟著父母搬到都市裡，兩個人就分開了，分開之後就失去了聯繫。」

　　「直到去年，我們班上開了一次同學會，我們才再次見面。見面之

後，說起很多小時候的事情，大家都覺得很開心。我還知道，他大學畢業之後沒有回家鄉，就留在這裡工作，並且成家了。他的生活也很不幸，前年妻子因病去世，雖然沒有負債，但是卻留下了一個5歲的女兒。他知道我的遭遇之後也很同情，經常鼓勵我。我遇上了什麼事情，也總是找他幫我解決。相處了一段時間之後，我們都覺得，以前的感情復燃了，於是很自然地開始交往。剛開始的時候，我們很高興，覺得自己太幸運了，兜了一個大圈還能遇上，都覺得這是天賜的良緣，是上天注定的婚姻，一定要好好地珍惜。雙方的父母也沒有反對，我和他的孩子也相處得很好。他對我更是照顧得無微不至。我有五十肩的毛病，為此，他還專門去學按摩。每天晚上，他都會幫我按半個小時，經過他的照料，我還真的好了。」

「後來，我們籌備婚禮的時候，就搬到一起住了。我不知道怎麼回事，又故態復萌，變得蠻不講理起來。剛開始的時候，我還能控制一下自己的情緒，後來，就好像有什麼惡魔附在我身體上一樣，我覺得那個蠻不講理的人不是我。但是無論如何，在他的眼裡，是我衝著他發火。他的脾氣很好，很能夠理解人，很寬容。他說：『我知道你在過去受了太多的委屈，你害怕婚姻，因為婚姻給你造成傷害。但是，你應該知道，我是一個不會帶給你傷害的人啊。你還有什麼不放心的呢？』其實，對於和他結婚，我並沒有害怕。我只是控制不了自己的情緒，老是跟他找碴，把雞毛蒜皮的事都能說得很誇張。後來，他說他累了，他也不希望孩子在這樣的環境中長大，他要離開我，希望我原諒他。其實，他哪有什麼錯啊？好好的一個人，被我逼走了。我……」說到這裡，她又忍不住哭了起來。

李承軒傾身過去，用手輕輕地拍拍她的肩頭，安撫她。

過了大約5分鐘，陳逸藝再次將心情平復下來，望著李承軒說：「對不起。老師，本來我這段時間，已經變得好很多了，但是一想到以前的事

情，就禁不住覺得害怕。我不知道自己是怎麼了。」

李承軒說：「這是一種遷怒。」

陳逸藝問：「什麼叫做遷怒？」

李承軒說：「遷怒的產生來自一個叫做『置換』的自我防禦機制，也叫轉移。意思是指我們本來對某一對象有一種情感，但是出於某種原因，比如說因為可能發生危險或者不合社會規範等，沒有辦法向這一個對象直接表現這些情感，就轉移到其他較安全或者容易被大家所接受的對象身上，使自己的情感得到宣洩，心理得到平衡。」

陳逸藝問：「為什麼我會選擇這樣的方式？」

李承軒說：「這有可能是一種習得性行為，簡單地說就是透過不斷的生活經驗累積學習得來的。你能跟我談談你媽和你爸的相處模式嗎？」

陳逸藝側著頭，沉思了一下，說：「我記得，從小時候開始，媽媽就愛嫌棄爸爸，說他什麼事情都不懂。我爸在一個工廠的開發部當工程師，是專門開發新產品的。他是一個老實人，不太懂得交際。小時候爺爺分遺產的時候，媽媽很希望爸爸去跟他的兄弟討論討論，好分到多一點財產，但是我爸就是不願意。我媽對他很不滿意，整天和他吵，說他沒用、窩囊，有時候還罵得很難聽。我小時候幾乎是在她的罵聲度過的。」

說到這裡的時候，她突然醒悟過來：「你給我看這個故事，是不是在告訴我，我好像狼孩一樣，接受了媽媽的教化，學到了她對我爸的方式，並運用到自己的生活中來？」

李承軒點點頭，說：「是的。要知道，一個人小時候所處的環境，對他的影響是非常重大的。在你的童年時期，你目睹了父母的相處模式，然後吸收進自己的潛意識，成為自己的一部分。這和繼承財產有些類似，有

時候人們繼承到一筆財產，並不是馬上就需要用到，於是先儲存起來，到了需要的時候再用。你這個情緒模式也可以看作是繼承的一種，你現在正在花這筆財產，但遺憾的是，你沒有買到好的東西。」

陳逸藝說：「是的。」

李承軒問：「那麼，你打算讓你的下一代繼續繼承這個財產嗎？」

陳逸藝馬上把搖搖頭說：「不，我不希望自己的女兒以後也這樣。可是，我要怎麼做才能扔掉這個財產？」

李承軒說：「既然這種情緒模式是習得的，並且現在你也發現以前你學到的模式並不適用於現在，你就可以去習得另一種對你更有利的模式，可以帶來好東西的模式。」

陳逸藝有些擔憂地問：「可是，我應該從哪裡學習呢？」

李承軒問：「你最近參加心靈成長小組了嗎？」

陳逸藝說：「我參加了一個叫『心靈灣畔』的小組，那個小組對我的幫助很大，同時我還認識了一些朋友。」

李承軒說：「嗯，這真是一件值得高興的事情。你參加過幾次小組活動？」

陳逸藝說：「有五六次了。」

李承軒說：「你參加的心靈小組裡面，有沒有發現哪個人的親密關係是經營得比較好的？或者在你的生活中，有沒有發現這樣的人？」

陳逸藝說：「成長小組中我沒有發現這樣的人。但是我的一個同事做得很不錯，她不但和丈夫的關係好，和婆婆的關係也很好。我總是暗自佩服她處理事情的態度。」

第一編　不要試圖和情緒講道理

　　李承軒說：「那麼，你可以把她當成一個學習的榜樣，模仿她，並請你的男友陪你練習。」

　　陳逸藝問：「我猜想他沒有時間，我自己對著鏡子練習可以嗎？」

　　李承軒說：「也可以，但是效果可能不如有對手的練習。」

　　陳逸藝問：「我盡量吧，要怎麼做呢？」

　　李承軒說：「就像演電影一樣，你導演一個場景，吵架的場景，然後在這個場景中運用新學到的模式來解決問題。」

　　陳逸藝問：「真的會有效嗎？」

　　李承軒反問：「你希望它有效嗎？」

　　陳逸藝說：「當然。」

　　李承軒說：「那麼就按照你希望的去做。我想，它一定可以達到你要的效果。做完之後，別忘記記錄自己的心情和感受。」

　　週六是楊浩然和曉媛的「親子日」。

　　上午10點，陳逸藝看著楊浩然牽著曉媛的手上車之後，想要轉身回屋，卻聽見曉媛大聲說：「媽媽，你怎麼不上車？」

　　楊浩然說：「是啊，我跟曉媛說好了，我們3個人去歡樂世界玩，我們要陪她坐雲霄飛車。」

　　陳逸藝站在家門口，瞪著楊浩然，只見他朝她眨眨眼睛，神祕地笑了笑，並把頭向著車內點了點，示意她跟著去。

　　顯然，她是被設計了。

　　遊樂園裡，曉媛開心地坐著旋轉木馬，陳逸藝和楊浩然站在外圍看著她，不時向她揮手。

陳逸藝看看楊浩然，用輕鬆的語氣說道：「我以前對你發脾氣的時候，你感覺怎麼樣？」

楊浩然轉過頭納悶地看著她說：「怎麼又說回以前的事情了？現在不是好好的嗎？」

陳逸藝說：「我是希望更了解自己才這樣說的，你告訴我你當時的感覺就好了。」

楊浩然看著她，不知道她葫蘆裡賣的是什麼藥。但是看她一臉認真的樣子，於是說：「我說了，你不准發脾氣啊。」

「不發。」

「其實每次你發脾氣，我都有一種面對著瘋子的感覺。我覺得，一個女人怎麼會這樣不可理喻？雞毛蒜皮的事情也能看得好像天要塌下來一樣。」

陳逸藝皺起眉頭：「看來我以前的脾氣真的很差。」

看到她皺眉，楊浩然有點心虛地說：「你看，說了不生氣，現在又生氣了。」

「我真的沒有生氣，我最近在學習控制自己的情緒。老師說要多加練習。」

楊浩然說：「現在就很好啊。你變了很多。」

陳逸藝望著不遠處正在旋轉木馬上玩得很開心的女兒說：「我要學習當一個好媽媽。」

楊浩然說：「聽到你這樣說，我覺得真的很慚愧。和你分開之後，我突然間也成熟了不少。一開始的時候，我並不覺得親情對我有多麼重要。

第一編　不要試圖和情緒講道理

自從上次我病重,你帶著曉媛來看我,我才發覺,原來孩子對我來說真的很重要。她對我的愛,帶給了我生命的力量,讓我覺得自己的生命正在向未來無限地擴張。」

陳逸藝看著他,驚訝地說:「這樣的話,我是第一次聽你說呢。」

楊浩然說:「以前我們都忙著吵架了,沒有機會和你說啊。」

說完之後,兩個人都不由得笑了起來。

此時,溫煦的陽光暖暖地照在身上,晒得人懶洋洋的。看著坐在旋轉木馬上的女兒,陳逸藝暗暗下定決心,自己從母親那裡學到的模式,一定不能傳給女兒。相反地,自己要創造另一筆財富留給她。但願一切都還來得及,希望現在所做的一切,可以抹去女兒以前受到的傷害,讓她從此以後,快樂健康地長大。

情緒管理的真諦

大學畢業十幾年了,陳逸藝一直很少和同學聯繫。上週,意外接到班長何敏華打來的電話,通知她週四有個同學會,希望她能夠參加。也就是在那一天,她才重新和同學們見面。十幾年的光陰過去了,陳逸藝在每個同學的臉上都看到不小的變化。當然,她也知道,別人看自己也是同樣的。

何敏華整晚都在會場上忙碌,有時候陳逸藝看到她忙不過來,也主動幫些小忙,比如帶領遲來的同學就座,布置場地什麼的。

何敏華還是像過去一樣優秀、能幹。在閒聊中，陳逸藝得知她在一家貿易公司當財務總監。陳逸藝對她就職的那家公司有耳聞，那是一家上市公司。何敏華能夠坐到這樣的位置，她一點都不意外，因為她一直知道何敏華是一個很有能力的人。

上大學那時候，兩個人其實並不親密。何敏華是那種鋒芒畢露的人，身邊總是圍繞著一大堆的追求者，而陳逸藝則很內斂低調。兩個優秀的人，雖然表面上沒有什麼過節，但是私底下卻各自把對方當成對手，暗自較勁。

聚會結束之後，陳逸藝沒有立刻就跟著其他的同學走了，而是繼續留下來幫助何敏華善後。就這一點來說，她自己都覺得詫異，原來在不知不覺中，她的責任感增加了很多，不再覺得什麼事情都和自己不相關了。

結帳之後，何敏華提出要送陳逸藝回家，她沒有拒絕。一來時間也不早了，二來她覺得大家那麼久沒有見面了，有機會聊聊天，也是一件很好的事情。

在回家的路上，何敏華一掃剛才的幹練，顯得疲憊不堪，反倒是陳逸藝看起來神采奕奕。

何敏華從後視鏡裡看陳逸藝，對她說：「沒想到十幾年不見，你還是那麼漂亮啊。」

陳逸藝笑了，說：「你還不是一樣，今晚全場最受人矚目的就是你了。」

何敏華皺著眉，嘆了一口氣，說：「表面的風光有什麼用？」

陳逸藝轉頭看著她，不解地問：「為何這樣說呢？」

何敏華又嘆了一口氣，說：「一言難盡啊，只能說家家有本難唸的經吧。」

第一編　不要試圖和情緒講道理

　　陳逸藝點點頭，表示理解，也不再追問。

　　何敏華說：「說真的，以前不覺得你有什麼特別的地方，但是今天你一直在我身邊幫助我，我覺得心裡踏實不少。只是今天大家都累了，要不然我們可以坐下來聊聊天。」

　　陳逸藝說：「我們都住在這個城市，要見面很容易，有時間打電話給我就行了。」

　　週五下班前，陳逸藝接到何敏華的電話，說自己最近比較心煩，想和她聊聊天。因為兩個人住得並不遠，於是陳逸藝讓她週六到家裡坐坐。

　　週六上午十點左右，何敏華按時赴約。陳逸藝接待她到客廳坐定，自己到廚房去準備茶水。

　　陳逸藝端著茶杯出來，看見何敏華在看她放在茶几上的畫。見到她過來，何敏華抬頭問道：「這些畫是你家小孩畫的嗎？真不錯啊。」

　　陳逸藝笑著說：「不是，小孩住在我媽家。這都是我自己畫的。」

　　何敏華驚訝地問：「你怎麼會有這樣的閒情逸致去學畫畫啊？」

　　陳逸藝坐下來，給她倒了一杯茶，然後說：「實不相瞞，我前一陣子因為有點困擾去看心理醫生，這是醫生派的作業。」

　　何敏華狐疑地問：「畫畫有什麼作用啊？」

　　陳逸藝說：「這是情緒畫，我最近在學習管理自己的情緒，這些畫讓我把真實的情緒表達出來，並且有梳理情緒的作用。」

　　何敏華低頭又看看手中的畫，問：「真的有這麼神奇？」

　　陳逸藝從她的手中接過一張畫，說：「是的。對我來說，我覺得蠻實用的。其實不只是我，每一個人都可以作自己的情緒畫。你選擇的色彩就

是你的情緒色彩。比如，你看，這是我早期的畫，色調比較陰暗，並且構圖凌亂，那是我去接受治療的初期。那時候的情緒的確不怎麼樣。這張是我現在畫的，看起來色彩是不是好多了？這是因為治療造成作用了。」

何敏華忽然停了下來，呆呆地看著陳逸藝說：「逸藝，看來這次找你，真的是找對了。我……」

話沒說完，她突然就大哭起來。

陳逸藝對這突然的變化，雖然有點吃驚，卻下意識地伸過手去摟著何敏華的肩膀，輕輕地拍了拍，然後一動不動地攬著她，讓她哭個痛快。

陳逸藝說到這裡，停下來看著李承軒，突然有點不安地揪揪自己的手指頭，說：「後來她在我家裡即興地畫了幾幅畫，畫得很凌亂。畫畫的時候，我開了音響，放著你推薦給我的音樂。並且向她解釋情緒不能忽略也不能掩蓋，並告訴她這樣做的後果。還把你教我的方法也告訴了她，就是透過多元的方式表達情緒的方法。」

李承軒聽了之後，沉默了片刻。

的確，他沒有想到坐在自己面前的女子，在短短的幾個月時間內，居然發生了這麼大的轉變。她從一個求助者變成了一個助人者。雖然她未必了解相關的理論，但是實際操作的技巧，卻已經有了不錯的效果。

他不由得盯著她看，她的臉上帶著健康興奮的淡紅色，那是一種快樂的顏色。她的臉上洋溢著幫助人之後獲得的快樂。他從內心湧起一陣感動，心想也許當初自己完成第一次諮商的時候，也是這樣子的。

這個時候，他聽見陳逸藝輕聲地說：「李老師，是我做得不對嗎？」

李承軒這才回過神來，他動了動身子，然後看著陳逸藝說：「不是，你做得非常好。只是我沒有想到你有這麼大的進步，覺得吃驚，走神

了。」

陳逸藝鬆了一口氣：「我看到你不說話，還很擔心自己是不是做錯了。」

李承軒說：「不是的。現在我想聽聽看，你在看她作畫的過程中，自己有什麼感受嗎？」

陳逸藝想了一下，說：「我看到她，就想起我自己當初的樣子。我想我當初在你面前應該也是像她那樣六神無主、方寸大亂。我知道她一定也是陷入失誤了。於是我向她解釋，讓她知道情緒是生活的一部分。並且告訴她，既然生活中有好的事情，也就有壞的事情，這些事情除了帶給我們正面的情緒之外，同時也會帶給我們負面情緒。我還解釋，負面情緒是可以適當存在的。拿焦慮來說吧，適當的焦慮會讓我們變得有動力。」

李承軒問：「你從什麼時候開始有這種觀點的？」

陳逸藝說：「在此之前，我還真的沒有想過這個問題。只是那天對著何敏華，我突然講出來了。也許它們早就存在我的內心中了，只不過還沒有機會講出來罷了。」

李承軒點點頭，沒有說話，依然是一副若有所思的樣子。

陳逸藝說：「到了後來，我還得出一個觀點，我覺得負面情緒是正面情緒的一個對照。也就是說，如果沒有負面的情緒體驗，我們就不知道正面情緒有多麼好。所以我們需要學會去接納，接納各種情緒在生活中的表現狀態。不僅如此，我們還要學會控制，讓它們達到和諧的狀態。我覺得我們要像一臺檢測儀一樣，隨時了解情緒空間內的變化，隨時調整，才能保持情緒空間內的平衡和穩定。」

李承軒說：「說得非常好，相信這一點你也向你的同學表達了吧？」

情緒管理的真諦

陳逸藝說:「是的,事實上那時候我內心恨不得就把自己的感受和經歷全都告訴她,巴不得她聽了之後就照著做,然後明天她就打電話告訴我,她全好了。」

李承軒聽到這裡,不由得大笑起來,說:「你真是一個熱心的好人,可是太心急了。你想一想,當初如果我也告訴你我過往的經驗,把那些經歷一股腦地講給你。你今天會是什麼樣子?」

陳逸藝看著他,俏皮地說:「應該會消化不良,拉肚子拉上幾天吧。」

李承軒說:「是啊,欲速則不達嘛。」

陳逸藝停了一下,低頭看看自己的手指,然後又抬起頭,看著李承軒鄭重地說:「其實說真的,在一開始諮商的時候,我很懷疑諮商的功效。我並不是懷疑你的能力,我只是不太相信有一些問題可以透過諮商去解決,也不太相信情緒可以管理,我可以得到平靜。我真正相信的時候,也就是那天何敏華在我家的客廳伏在桌上認真作畫的時候。我看著她,想到以前的自己,然後對比今天的自己,我才真真正正地感覺到了變化的巨大,才相信一切真的在好起來當中。在諮商中,你給我很大的幫助,我不單是緩解了症狀,還從中獲得了一種全新的感悟。這種感悟在我和朋友分享的時候,竟然對她有幫助,這才是我最大的意外收穫。雖然我不知道那次的幫助有多大的效果,但是我已經覺得,自己是一個有價值的人了。為此,我非常感動。謝謝你!李老師,我想,這應該就是對你的最佳回報了。」

李承軒看著陳逸藝真摯的表情,臉上也露出感動的神色,他說:「如果真要感謝,就感謝自己。今天的成績都是靠你自己的努力得到的。你的成長並不只是展現在增強情緒的管理能力這方面。事實上,你的整體都得

第一編　不要試圖和情緒講道理

到了提升。今天的你，比當初出現在諮商室的你自信多了，而且你現在具有的自信並不是那種假裝的自信，而是真正發自內心的自信。」

陳逸藝說：「是的。這一次雖然表面是我的同學在受益，但是我自己得到的更多。」

李承軒說：「實際上這也表示了自己愛人的能力。我相信在此之前你也有能力去幫助別人，因為你是一個很優秀的人。但是為什麼一直沒有做到呢？是因為你沒有機會去做。我說的這個機會，是指你沒有給自己一個幫助別人的機會。」

陳逸藝說：「你想說的是我因為不夠自信，所以覺得自己幫助不了別人，因此不敢去幫助，是嗎？」

李承軒說：「對。當一個人在不斷進行自我否定的時候，就等於是放棄了一切嘗試的機會，也因此他的能力不會得到證明。同時，因為這種錯誤的觀念，導致他愛人的能力也不斷地消失。他總是害怕自己接受不了不能幫到別人的結果，所以他寧願選擇不去幫助別人。其實整個治療的過程，要達到的目的並不單單是讓你獲得情緒管理方法，最重要的是讓你的內心自我變得強大、有力量。」

陳逸藝說：「是的，內心的力量就是自信的泉源。」

李承軒說：「今天和你談話之後，我覺得我們可以進入下一個目標了，也就是自我的這個部分了。你準備好了嗎？」

陳逸藝毫不猶豫地點點頭：「是的，我準備好了。」

上一次，陳逸藝知道何敏華最近是因為工作壓力增加的緣故，才導致情緒不穩定，於是和她商量，兩個人每週見一次或者兩次面，練習對話溝通場景。有時候，她們也會叫林鳳一起來，讓她當一個觀察者。

情緒管理的真諦

　　林鳳對於她們的這種練習覺得非常驚奇，但在她們的身上，她感受到了一股強烈的、想要改變自己的力量，於是她每次都很樂意參加，並且表示雖然自己不是當事人，但是在觀看她們練習的過程中，自己並不是完全沒有收穫。就這樣，她們除了參加心靈成長小組之外，在課外也定期見面，分享彼此在生活中收穫的酸甜苦辣。

　　陳逸藝每次和朋友們相見後回到家裡，內心都會充滿感激。她曾經是一個孤僻的人，她以為自己並不需要朋友，因為自己是一個很獨立的人，可以妥善地安排自己的生活，也有能力解決現實中的困難。但是每當獨自一人的時候，她內心時時刻刻充滿著茫然和孤寂，總覺得世界和自己並沒有絲毫的關聯。

　　多了兩個知心朋友的陳逸藝，真正地感受到了友誼的溫暖。這段日子，大家互相幫助，互相鼓勵。她覺得自己像是憑空多了一座巨大的靠山，讓她感到非常踏實、安穩。

第一編　不要試圖和情緒講道理

第二編
我是誰

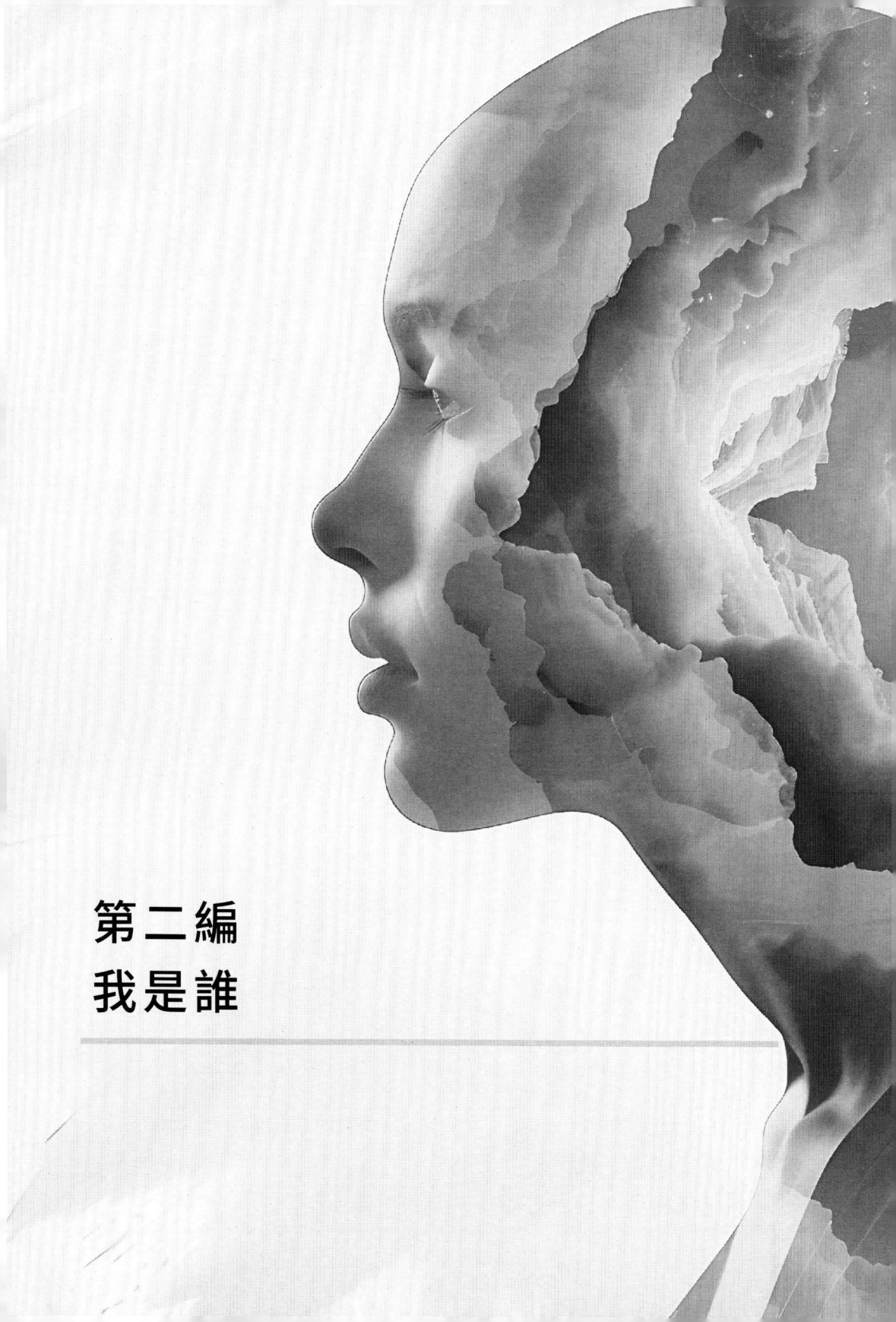

第二編　我是誰

一定要超過姐姐

　　陳逸藝接受了李承軒的建議，成為了一名義工。這樣做是為了建立更多健康的人際關係，也為了展現自身的價值。後來，她還加入了義工協會，成為一名輔導老師。她這個星期天接到的任務，是去輔導一個不願意上學的小朋友。

　　那個叫小雯的小女孩長得很秀氣，也很膽怯。從陳逸藝出現在她面前到現在，她一直低著頭坐在對面，不敢看她。她的姐姐坐在她旁邊的書桌旁寫作業。

　　陳逸藝柔聲地對她說：「你好，小雯，願意跟我說說你的心裡話嗎？我知道你一定有很多話想說，是嗎？」

　　小雯抬頭飛快地看了她一眼，又把頭低了下來，低聲說：「你是爸爸媽媽找來的老師嗎？」

　　陳逸藝說：「是的。不過，我不是站在他們那一邊的，我是站在你這邊的哦。」

　　小雯抬起頭，懷疑地看著她，說：「是真的嗎？」

　　陳逸藝笑著點點頭，說：「是的。我保證。所以，如果你有什麼心裡話，可以告訴我，我會幫你保密的哦。你看，媽媽本來要跟進來的，我都不讓她進來了。」

　　小雯聽了之後，依然低著頭不說話，過了很久，才小聲地說：「我知道我最近的成績很不好，媽媽很生氣。如果我的成績好一點，他們就不會經常吵架了，都是因為我不好。學校裡面，老師也不喜歡我。我一想到這

個,心裡就好難受,就不想去上學了。」

陳逸藝說:「也許他們吵架的原因並不是因為你呢,你問過他們了嗎?」

這個時候,姐姐說話了:「還用問嗎?肯定是這個原因。我小時候,他們也經常吵架。因為我不是一個男孩子,奶奶很不高興。再加上我總是生病,需要人照顧,他們有什麼理由會喜歡這麼麻煩的小孩呢?」

陳逸藝說:「小孩子生病,是因為抵抗能力差,當爸爸媽媽的怎麼會因為這樣而不喜歡你呢?」

小女孩說:「你家裡有小孩嗎?」

陳逸藝說:「還沒有。」

小女孩說:「等你有了小孩以後,你也會這樣子的,你的小孩也會不高興的,你看著吧。」

陳逸藝說:「我不會這樣對我的小孩的。」

小女孩尖叫著說:「你會!你一定會!」

陳逸藝氣得站了起來,卻撞翻了凳子,痛得她「哎喲」地叫了一聲。她睜開眼睛,這才發現,周圍一片黑暗,原來剛才不過是做了一個夢。

躺在床上,她打算繼續睡覺,卻怎麼也睡不著了。她根本就沒有去做過什麼義工,怎麼會突然做這樣的夢呢?這個夢是什麼意思呢?

她記得以前李承軒曾經交代,晚上如果做了什麼夢,最好能夠記下來。因為夢可能是一個人設法補足內心的願望,和潛意識有關,對於了解自己和治療的行程有很大的幫助。

於是,她爬起來,摸黑找出紙筆,來到客廳的窗邊就著街燈把夢記錄

第二編　我是誰

下來。她不敢開燈，怕燈光過於強烈，會把夢中的記憶用不見。當她寫完最後一個字的時候，心中有一種任務完成的舒坦的感覺，於是回到床上繼續睡覺。這一次，她很快就進入了夢鄉。

李承軒說：「這是一個很有意思的夢。在你小的時候，曾經歷過類似的情節嗎？」

陳逸藝說：「沒有，我的成績很好，我非常用功，因為我每次考了好成績，母親都會很高興、稱讚我。」

李承軒說：「那麼，你曾經有過討厭讀書的念頭嗎？」

陳逸藝說：「好像沒有過，甚至有幾次，我發著燒都依然堅持去上學，並把作業寫完。對了，我小時候經常發燒、頭痛。」

李承軒說：「你家裡還有別的孩子嗎？」

陳逸藝說：「有一個姐姐。」

李承軒說：「嗯，現在跟我說說你姐姐的情況吧。」

陳逸藝說：「我姐姐成績不好，但是和我媽媽的感情很好，也許是因為她是第一個小孩的緣故。不過，每次我考了好成績之後，她也會叫我姐姐向我學習。每到這個時候，我就覺得很開心，就更加地賣力了。」

李承軒說：「顯然，你並不是自己發自內心地想要讀好書，你因為想要得到媽媽的稱讚，才讀好書。你覺得我這樣說對嗎？」

陳逸藝疑惑地看了他一眼，說：「那我上大學以後成績也很優異，也是為了她嗎？」

李承軒說：「問得好。我們現在先來澄清一下，我為何會提出這樣的觀點。一般來說，在夢中出現的人，都是你自己人格的化身。夢中出現的

小女孩,一個代表內疚,一個代表自責。也就是說,在你的人格裡面,蘊含著內疚和自責這兩個部分。」

陳逸藝說:「我不太懂。我對誰覺得內疚啊?」

李承軒說:「你不覺得內疚,這也是正常的。佛洛伊德(Sigmund Freud)曾經說過:『就患者而言,這種內疚是無聲的,他並不告訴患者有內疚,患者不感到內疚,只是感到病。』你已經知道什麼叫做軀體化了,是吧?」

陳逸藝點點頭。

李承軒說:「你成年之後的軀體化是由於情緒的堆積造成的,但是你幼年的軀體化表現是什麼原因造成的呢?」

陳逸藝說:「是你所說的內疚嗎?」

李承軒說:「當你生病的時候,你的父母表現得怎麼樣?」

陳逸藝說:「他們很擔心,會請假帶我去看病。如果我稍微好了一點想要看書,他們會把我的書藏起來不給我看,並命令我睡覺。」

李承軒說:「你當時的感覺怎麼樣?」

陳逸藝說:「雖然他們責備我,把我的書藏起來,但是我覺得很開心。」

李承軒說:「也就是說,你在這個過程中是可以得到好處的,是嗎?」

陳逸藝說:「我不懂⋯⋯」

李承軒說:「你生病了,可以得到父母的關注,還可以暫時不用為了要討母親歡心而唸書,不是嗎?」

陳逸藝說:「嗯⋯⋯是的,聽起來好像真的是這回事。」

李承軒說:「我們現在來想一想,如果你成績好,你能得到什麼?」

第二編　我是誰

陳逸藝說：「如果我成績好，我媽媽會喜歡我、稱讚我，遇到她心情好，還會買一些小東西給我。」

李承軒說：「說到這裡，你能不能歸納一下你讀大學的時候，成績好的原因？你可以閉上眼睛，靜靜地回憶⋯⋯」

陳逸藝閉上自己的眼睛，半晌不說話，然後突然睜開眼睛說：「對了，我想起了一個人。在我讀大一的時候，當時我們系上有一個很英俊的男孩子，我對他很有好感。可是他正在追求我們班上一個成績很好的女生，我不喜歡那個女生，我覺得她並沒有什麼了不起，我覺得我的成績一定可以比她更好。但事實上，我的成績雖然很不錯，比起她來還是差了一些，也就是說如果她是第一名，我一定會是第二名。為此，我覺得很鬱悶，有一段時間心情很糟糕，總想找辦法超過她。後來，還為此生病了。有一天我在去校醫室的時候，突然暈倒了。剛好那個男生經過，把我送到校醫那裡，並且陪著我直到我醒過來，打了針之後，又把我送到宿舍。從那以後，我們就經常接觸，我對他很好，好到我自己都覺得難以置信。因此，我們終於在一起了，但是最終還是因為性格不合而分開了。」

李承軒說：「你覺得這段經歷，和以前的那些經歷，有沒有關聯？」

陳逸藝說：「都有體化症。」

李承軒說：「對。這樣的表現一定在你的親密關係中會經常存在，比如在你和父母之間、你和男友之間，或者是你和其他自己有好感的人之間。你慢慢地回想自己的相關經歷，一定會發現你都曾經運用過這樣的模式。好成績和暈倒的性質是相同的，都是一種策略，為了讓別人走近你。」

陳逸藝說：「嗯，好像是的。」

李承軒說：「如果不用這個策略，用一種不內疚的方式，你覺得應該是怎樣的？」

陳逸藝說：「大方地接近他，向他表達自己對他的好感。」

李承軒說：「對。但是，這樣的表達方式是內疚者不會選擇的。他們必然會選擇一些更隱祕的方式，甚至是一種讓自己變成弱者的方式。因為在我們的社會中，弱者的角色能夠喚起他人的關注和同情。比如說你剛才提到的生病和暈倒。」

陳逸藝慢慢地點點頭。

李承軒說：「相信就算我為你澄清了夢中發生的事情，但是對於自己的症狀，你依然會有很多疑惑。」

陳逸藝又點點頭。

李承軒說：「那麼，為了讓你對自己的情況有更好的了解，我現在給你推薦一本書——卡倫・荷妮（Karen Horney）寫的《精神分析的新方向》（$New\ Ways\ in\ Psychoanalysis$）。她在研究女性心理方面有重大的成就。你看看書中的第十四章〈神經質的內疚感〉。我相信這會對你有所啟發的。這個也是我派給你的作業。」

陳逸藝說：「好的，諮商結束後我就去書店買一本。」

李承軒說：「還是一樣，你在看書過程中產生的感覺和體會，要用心地記下來，就像你把自己做的夢記下來一樣，越詳細越好。」

陳逸藝說：「好的。但是我還是不明白，我為什麼會無故地做這個夢呢？」

李承軒說：「最近和你的姐姐有聯繫嗎？」

第二編　我是誰

　　陳逸藝說:「我最近和她沒有聯繫。不過前天我母親跟我說,她不想再替人工作了,希望回家做點小生意,需要一筆錢,問我能否借她一點。我說可以借一點給她,但是我自己沒有親自和她通電話。」

　　李承軒說:「夢很多時候,是因為攪動潛意識而引起的。雖然你所做的夢,看起來和你的姐姐並沒有多大的關聯,但是其實卻有著千絲萬縷的關係。這個,你以後可以慢慢地體察一下。」

　　陳逸藝說:「我不太懂。」

　　李承軒說:「我舉個我以前分析過的夢作為例子吧。有一個人晚上夢到自己繫了一條五彩的圍巾。而事實上她並沒有這條圍巾。那麼是什麼原因呢?後來在不斷了解中知道,這個夢和她一個分別很久的同學有關。白天,她聽別人說起那個同學,而那個同學在畢業的時候,穿著一條五彩的裙子,和她夢見的圍巾是一模一樣的。」

　　陳逸藝說:「真神奇啊!」

　　李承軒說:「是的,當你進入了解自我的階段之後,就等於進入了一個奇妙的旅程。很多現象你看起來匪夷所思,卻是真實存在的。這就是生命的神奇之處。」

　　陳逸藝回去之後,努力地回憶著小時候和姐姐相處的過程,卻發現自己怎麼也想不起了。只記得自己四歲那年,要被送到外婆家的前一天晚上,姐姐和她說:「爸爸媽媽不要你了,他們要把你送到外婆家去。」

　　自己當時覺得她很壞,為了獨自霸占父母而對自己說謊。後來自己真的被父母送到外婆家,想到姐姐一個人獨自在家被父母寵愛,內心覺得非常難過,又非常羨慕。

　　從外婆家回來之後,她開始上小學。那段時間,她總會覺得姐姐在家

裡比她更受父母的關注。於是，她變得更聽話。父母叫她做什麼，她就做什麼。她知道父母喜歡自己的孩子成績好，於是拚命讀書，幾乎年年都考第一。

姐姐讀書的成績向來一般，考大學的時候以十幾分之差落榜，之後沒有重考，在父母的安排下，到一家工廠工作，當作業員，工作輕鬆簡單。幾年前工廠裁員，她不幸成了失業的一分子。那時候她的孩子剛出生，生活一下子陷入了困境。陳逸藝剛和楊浩然結婚，在自己經濟寬裕的情況下，會不時地接濟她一下。後來，和楊浩然離婚，自己也需要供養女兒，於是接濟得也少了。此後，每每聽到母親講起她的近況，自己內心都會覺得傷感，覺得幫不上她什麼忙。近兩年自己工作努力，收入穩定之後，也會主動問母親，姐姐是否需要幫助。也許，正是出於這個原因，自己晚上才會做那樣一個夢。

想到這裡，她不由得拿起電話撥了姐姐家的號碼。兩姐妹因為太久沒有說過話，一時之間竟然不知道該說什麼。隨後，陳逸藝告訴她，如果有什麼需要她幫忙的地方，儘管開口。姐姐很客氣地說了再見之後，就掛了電話。

陳逸藝出神地望著手機，心想，為什麼自己面對姐姐的時候會覺得不自在，這是什麼原因？而自己是不是對她也有一種內疚的心理呢？但是為什麼要內疚呢？她覺得此刻自己的思維變得一團混亂，像是捲入了亂麻之中。

第二編　我是誰

三個姐妹一臺戲

　　陳逸藝來到諮商室坐定之後，從包裡拿出三張畫。第一張畫著一個四五歲的小女孩，她頭髮凌亂，雙腿曲起抵在下巴上，雙手抱著腿蜷縮在屋子的角落裡。這個屋子畫得很大，孩子畫得很小，給人一種楚楚可憐的感覺。

　　第二張畫裡面也是一個女孩，但是這個女孩比第一張畫裡的年齡要稍大一些，有十一二歲的樣子。她跪在地板上，地板上有一根長長的紅繩子，小女孩的眼睛緊緊地盯著那根繩子。和第一張畫全部用單色不同的是，這張畫用了幾種顏色。

　　第三張畫的是一個少女。她正走在路上，步履匆匆，髮鬢散亂，彷彿是後面有什麼人正在追趕她一樣。路的兩邊都種著樹木，樹木顯得非常瘦弱，枝幹細長，樹葉凋零，給人一種蕭瑟的感覺。

　　李承軒看了之後，問道：「這是什麼時候畫的？」

　　陳逸藝說：「上次我離開這裡之前，你讓我思考自責和內疚這兩個概念。第一幅畫是我在回家的路上想到的場景。當我看到這個小女孩的時候，我內心有一種酸楚的感覺，很希望她是有力量的，被人關心和支持的。」

　　李承軒點點頭，指著第二幅畫，問：「這上面畫著的那個，是繩子嗎？」

　　陳逸藝搖搖頭說：「不是，是鞭子。」

　　李承軒說：「有一根鞭子，但怎麼沒有拿鞭子的人？你覺得如果有一個人會拿起這根鞭子，那會是誰呢？」

陳逸藝想了一下，然後說：「這是不是在暗示，我心裡面的自己在拿鞭子？」

李承軒不由得笑了起來，說：「你的作業做得非常棒。你也終於發現了你內心的自責。基於某一種原因，你總是時不時拿起鞭子催促自己。那麼，第三幅畫呢？」

陳逸藝說：「第三幅畫其實我也不知道要表達什麼，這是我畫完第二幅兩天後畫的。那天我朋友本來和我約好了要去度假，當時我所有的一切都準備好了，車票也訂了，他卻因為家裡出了點事臨時取消了行程。剛開始的時候，我很通情達理，也很理智地去辦理了退票等事宜。但是當我回到家，就控制不住了，摔壞了廚房裡飯桌上放著的幾個碗，然後大哭了一場。哭著的時候，就畫了這一幅畫。」

李承軒說：「你覺得，自己對於這件事，為什麼會有兩種不同的態度？我的意思是說，你在他面前表現得通情達理，但是面對自己的時候，卻控制不住憤怒。」

陳逸藝說：「我後來想過了，通情達理就像是某種面具，我戴上這樣的面具之後，他會更喜歡我一點。所以對著他的時候，我就會戴上。但是其實我自己並不是像面具表現出的那樣完美。」

李承軒問：「是誰讓你戴這樣一個面具的呢？」

陳逸藝說：「自然是我自己。」

李承軒問：「你覺得有必要戴這樣的面具嗎？」

陳逸藝說：「有。我不希望他覺得我是一個不講道理的人。」

李承軒問：「那真實的你怎麼辦？」

陳逸藝呆了一下，掙扎著說：「他是看不到我這一面的。」

第二編　我是誰

　　李承軒問：「聽到你這樣說，我想起了一個詞。」陳逸藝說：「什麼詞？」

　　李承軒說：「自虐。」

　　陳逸藝聽了之後，眼淚突然像斷線的珍珠一般流了下來。

　　李承軒說：「究竟是不是自虐，我們來想一下。拿著你的第三幅畫，認真地去感受自己的內心。你不斷追趕的是什麼？背後追趕你的東西，又是什麼？你步履匆忙，究竟是為了追趕前面的目標，還是害怕自己被追上？」

　　陳逸藝哽咽著說：「我還真的沒有深入地想過這個問題。」

　　李承軒說：「今天的諮商，我想用心理劇的形式進行。會有幾個臨時的演員，我都安排好了，他們都是我的學生推薦的，都喜歡心理學。你在裡面會像在心靈成長小組中一樣安全。當然，如果你覺得還沒有準備好，我們也可以改天再用這個形式。」

　　陳逸藝說：「沒有關係，我準備好了。」

　　李承軒說：「那麼，我讓他們進來。」

　　他開啟諮商室的門，對著小嚴說：「讓他們幾個進來吧，要開始了。」

　　沒多久，小嚴帶進來 5 個年輕人，其中 4 個女孩、1 個男孩。

　　陳逸藝站起來，微笑著和他們互相打招呼，做了一下簡單的自我介紹。

　　李承軒讓那幾個年輕人坐下來之後，說：「在這些人當中，你要挑選一個人代替你的內在小孩。也就是說，你看著他的時候，就會像站在鏡子面前看到自己一樣。你感覺一下，看看這幾個人當中，誰最適合當你第一幅畫中的小女孩？憑自己的第一感覺就行，不用思考過多。」

　　陳逸藝看了看那幾張年輕的臉龐，他們的眼神裡面都閃爍著一些緊張

和興奮。她最後把目光鎖定在一個瘦削的女孩子身上。她是一個看起來弱質纖纖的女孩子，穿著白色碎花的長裙子，長髮隨意地散落在肩頭，臉上乾乾淨淨的，表情悲喜難辨。這時候，那女孩也感覺到了陳逸藝的目光，於是抬起頭來向她微微地笑了一下。陳逸藝對她說：「就你來扮演，可以嗎？」

李承軒問：「程蕙蘭，你願意扮演這幅畫中四五歲的小女孩嗎？」程蕙蘭說：「是的，我願意。」

李承軒說：「接下來你找一個適合扮演拿鞭子的人。」

陳逸藝於是重新把目光轉向那幾個年輕人，她看著那幾張陌生的、充滿了期待的臉龐，心中突然覺得有些混亂。

李承軒說：「選擇對象的時候，沒有性別之分，只要你感覺適合就好。」

陳逸藝於是選了坐在程蕙蘭旁邊的看起來略有點胖的女孩，她穿著一件簡單的 T 恤和藍色的牛仔褲，一副休閒的打扮。

李承軒說：「好，這是琳琳。你要扮演第二幅畫中的女孩子。」琳琳看了一下第二幅畫，點點頭。

陳逸藝最後選擇了一個叫蔣梅珍的女孩子來扮演第三幅畫中的女孩。

選定了替身之後，李承軒說：「這三個女孩子將要代表三幅畫中的主角，也就是說代表你內心裡面的三個小女孩，她們的關係是姐妹。」

陳逸藝點點頭。

李承軒說：「我們先暫且叫老大為自虐，是蔣梅珍；老二為自責，是琳琳；老三為內疚，是程蕙蘭。」

第二編　我是誰

角色分配完了之後，他轉身對陳逸藝說：「你現在還要尋找一個人，來代表現在的自己。」

陳逸藝於是選了叫江美心的女孩子。

李承軒對扮演者說：「等一會，你們按照我的提示，把內容表達出來就好。逸藝你現在站到程蕙蘭身後。」

陳逸藝按照李承軒的指示站在程蕙蘭身後。

這時，李承軒給了江美心一個提示。江美心身為陳逸藝的替身對程蕙蘭說：「內疚小女孩，你覺得自己跟別人有什麼不同？」

李承軒說：「逸藝，你可以嘗試代替內疚本人回答這個問題。」

陳逸藝替內疚說：「我有總是做錯事的感覺。」

李承軒說：「好的，現在請你站在自責的後面。」

江美心得到指示後對代表自責的琳琳問了同樣的話：「自責小女孩，你覺得自己跟別人有什麼不同？」

陳逸藝替自責說：「我一開始畫這個鞭子的時候，我不知道是誰在用鞭子，但我知道是在鞭打自己。至少是在準備鞭打自己。我覺得自己做錯了事情。」

李承軒說：「你的意思是你覺得你做錯了，所以你應該受到懲罰。是這樣嗎？」

陳逸藝替自責說：「是的。」

李承軒說：「這是自責說的話，你覺得自己和內疚有什麼不一樣？」陳逸藝替自責說：「我與她們不一樣，我好像對自己更了解一些，知道鞭打的原因。」

李承軒說：「好。你的意思是說，你知道做得不好就要受到懲罰，就會捱打，這時候不僅僅是情緒了，對嗎？這樣看來，自責似乎更懂事，起碼她知道做得不好要受到懲罰，只是還沒有受到懲罰而已。」

陳逸藝沉默著，若有所思地看著李承軒。

李承軒說：「逸藝，現在請你站在自虐的後面。」

說完之後，他給了江美心一個提示，江美心對代表自虐的蔣梅珍說：「你說你比她們懂事，為什麼？」

李承軒說：「逸藝，現在請你感覺看看，站在自虐的後面和先前的感覺有什麼不同？」

陳逸藝替自虐沉默了很久，然後說：「我覺得自己正在遭受懲罰，我做錯事情得到了報應。」

李承軒問：「什麼報應？鞭打嗎？」

陳逸藝替自虐說：「不知道，我只知道是報應。」

李承軒問：「報應來了的時候，你是什麼反應？」

陳逸藝替自虐說：「我承受。」

李承軒問：「為什麼？」

陳逸藝替自虐說：「我不知道，我是自願的，我覺得我必須承受。」

李承軒給了一個提示，替身江美心說：「這不是犯賤嗎？」

陳逸藝替自虐說：「是的。」

江美心說：「你為什麼要這樣做？」

陳逸藝替自虐說：「我不知道。但是我知道只有我自己這樣做的時候，心裡才能踏實一點。也只有這樣做的時候，內心中的自責和內疚才會減少

第二編　我是誰

一點，就像是姐姐保護妹妹不受到別人的傷害一樣。」

李承軒說：「逸藝，現在請你站回你的位置上去，替身美心可以回到其他人員中。」

然後，李承軒站在代表自虐的蔣梅珍背後，說：「逸藝，我就是你內心的自己，請你告訴我你還看到什麼？」

陳逸藝說：「我不知道。但我很想知道你到底是什麼樣的？為什麼要折磨我？」

代表自虐的蔣梅珍受到李承軒的提示後說：「不是我折磨你，是你自己在折磨自己。」

陳逸藝說：「不對，是你在折磨我，我都是按照你的指示去做的，要不然我怎麼可能做出傷害自己的事情？我怎麼會戴上自己並不願意戴的面具扮演完美的人？」

說到這裡的時候，陳逸藝覺得內心無限委屈，失聲痛哭。

這個時候，李承軒重新把江美心叫到跟前，讓她站在陳逸藝的後面，緊緊地抱著她，給她支持。

然後說：「逸藝，你現在對面的三個人，她們各自代表著你內心的三個情結，一個是內疚，一個是自責，另一個是自虐。這三種情結並不是一開始就存在的，那麼它們是怎麼來到我們心中的呢？其實，這三種情結正是我們在成長的過程中，自己一點一滴培養出來的。它們存在之後，驅趕了你心中真正的自我，取代了它，並對你產生影響。小時候對你的影響不大，是因為它們還很弱小，現在它們有能力了，於是開始顯示自己的力量。正是它們在你的心裡，破壞了你內心的平靜，驅使你把人際關係搞砸，甚至拿起刀子割自己的手腕，這是自虐會做的事情。它暗示你，你應

該受到懲罰。而你相信了，是不是這樣？」

陳逸藝一邊泣不成聲，一邊點頭說：「是。」

李承軒走過去，伸出右手穩穩地按在她的肩頭上，柔聲說：「有時候我們不知道為什麼會傷害自己，不知道自己為什麼會去傷害別人，我們只知道這不是自己的本意，但是卻做出了這樣的行為。為什麼呢？就是因為自虐情結在作怪。當我們傷害了別人，別人一定會反擊，這個承受反擊的過程就是自虐的表現。我們原本可以做得很好，不會受到任何的傷害。但是內心的自虐會覺得需要得到這些傷害，從而不斷地暗示自己去做傷害別人的行為，以得到別人的傷害。這是自虐的第二種表現。還有很多諸如此類的事情，我們慢慢地回憶自己走過的路就會發現。我們一定曾經擁有過美好的東西，比如感情，但是為什麼到了後來，關係會變得糟糕？我們之間的美好為什麼會消失不見？我們的快樂為什麼會越來越少？」

李承軒溫和的話語就像是一陣清風一般在每個人的內心中拂過，每個人都忍不住跟著他的聲音，去尋找內心中隱藏的情結。此時，室內哭泣的聲音突然多了起來。那些哭泣的人，是不是也和陳逸藝一樣，想起了一段被自己遺忘的故事？此刻，緩緩的音樂在室內環繞、流淌，每個人都抱著自己身邊的夥伴，靜靜地感受著自己的內心。

過了片刻，李承軒說：「逸藝，你現在想要對三姐妹說什麼？今天，站在2008年5月的陳逸藝，想要對內心裡面幾個不同的自我說些什麼？」這個時候，眾人的目光都看向陳逸藝，等著她開口。

良久，她終於抬起頭來，眼淚縱橫地看著那三個女孩子，最後，她轉過身子對著內疚說：「其實，根本就不需要內疚，因為，這並不是你的錯！」

第二編　我是誰

　　李承軒說：「很好，大聲地再說一次。」

　　流著淚的陳逸藝歇斯底里地喊了出來：「這不是你的錯，這不是你的錯，這不是你的錯！」說完之後，她再也忍受不住，終於放聲大哭，彷彿想把內心中這麼多年的苦澀和辛酸都倒出來。

　　李承軒在她慢慢平靜下來之後，示意替身江美心將她扶起來，然後問：「逸藝，這時候三姐妹已經長大了，你怎麼辦？你該怎麼對她們？」

　　陳逸藝顯然沒有回過神來，茫然地看著李承軒。

　　李承軒說：「你做好準備去接納她們了嗎？也就是說，你做好準備去愛她們了嗎？你要知道，愛她們就等於是愛自己。」

　　陳逸藝說：「我不知道，我現在覺得心裡很亂。」

　　李承軒說：「我很理解你現在的心情，只是如果你不接納她們，就等於不接納自己。這意味著什麼？意味著你要放棄自己。」

　　陳逸藝問：「那我應該怎麼做？」

　　李承軒說：「嘗試著去理解和接納，可以嗎？做得到嗎？」陳逸藝猶豫了一下，然後輕輕地點點頭。

　　此時，三個替身異口同聲地說：「逸藝，我們不會辜負你對我們的用心的，我們陪你一起成長。」

　　這一句話又打開了陳逸藝剛剛關閉的眼淚之門，不過這一次，已經不是悲傷的眼淚，而是感動的眼淚。

　　此時，每個人都站了起來，走到陳逸藝的面前，擁抱著她，輕輕地隨著音樂晃動，彷彿是抱著一個剛剛出生的嬰兒。

　　音樂停下來之後，大家散了開來，善解人意的程蕙蘭給陳逸藝倒了一

杯溫水，送到她的面前。她笑著接了過來，再次向剛才參與的替身們表示感謝。

李承軒說：「現在，我來做一個總結。逸藝是一個很不錯的女孩子，優秀、有能力、有夢想。雖然在此之前，受了內心小孩的影響，有一些能力還沒完全地發揮出來，但是這些能量是一直儲存在她的內心裡的。也正是這些力量，驅使她來找我。」說到這裡，他轉頭對著陳逸藝說：「現在我要告訴你，過去發生的一切，那些好的或是不好的經歷，都是你人生的財富，包括內心中的那三姐妹。她們只是缺乏愛、缺乏安全感，所以需要你接納她們，陪伴她們成長。當然，這一段時間我也會陪伴你，但是我想她們需要更多的愛，因此需要加入一些關注心靈成長的人群，去重新獲得以前沒有得到的尊重和肯定。我覺得，接下來的治療，如果有一個溫暖的團體幫助你，會進行得更加順利一些。」陳逸藝點點頭。

李承軒說：「今天你見到的這幾個年輕人，都來自同一個俱樂部，俱樂部的發起人也是我的一個學生，這幾個人的學長。參加這個俱樂部的人都是在追求心靈成長和探討自我的人。」

陳逸藝問：「這個俱樂部叫什麼名字？」

李承軒說：「叫讀心術俱樂部。所謂的讀心，是指我們可以掌握一套方法，來了解我們的內心。這是一個安全的俱樂部，你如果想知道得更具體，可以向嚴小姐諮詢相關的內容。」

陳逸藝說：「好的，那麼我們的面對面諮商是不是結束了？」

李承軒說：「如果中間有必要回到諮商室來，也是可以的。但是我覺得，接下來是你建立真正的自我的時期，只有當你對自己真正的內心有所察覺的時候，我們的諮商才能繼續走下去。」

第二編　我是誰

　　陳逸藝說：「好的，我明白了。就是說我要重新塑造一個堅強健康的自我，諮商才會有意義，是嗎？」

　　李承軒說：「是的。」

　　和李承軒面對面的諮商結束之後，關於要不要加入那個俱樂部，陳逸藝猶豫了一段時間。因為俱樂部在另一個縣市，需要一個小時的車程，對於她來說有些困難。但是自從她在李承軒那裡的諮商告一段落之後，她試圖尋找方法去面對和接納內心中的那幾個孩子，卻總不得要領。

　　於是，她繼續在網上搜尋關於這個俱樂部的資訊。俱樂部的發起人莊令揚，是李承軒的大弟子，在跟隨李承軒學習之前，他自己對心理學已經有了一定的了解，因此學成之後成立了這個俱樂部。到現在為止這個俱樂部已經有5年的歷史了。

　　很多人從周邊的城市慕名來參加這個俱樂部，他們來俱樂部的原因不外乎幾種：對未來迷茫、對自我不了解、對個人的價值感到疑惑。這5年來，俱樂部的人員來了又去。對於很多人來說，這裡就像是一個心靈的驛站，讓心靈充電的地方。內心失去能量的人，很多來這裡充電之後，又繼續上路了。

　　陳逸藝想，自己也可以成為這一類的人，一個充電者。基於這樣的原因，她離開了原來自己參加的那個心靈成長小組，參加了讀心術俱樂部。她覺得，對於目前的自己來說，這個俱樂部才是真正對自己有幫助的地方。

洋蔥該怎麼剝

　　陳逸藝按時來到讀心術俱樂部，跟櫃檯接待的工作人員表明身分之後，她被帶進一個橢圓形的房間裡。溫暖的橘黃色燈光下，紅木地板上，一群人圍成一個圓圈坐著。圓圈的中間，坐著一個穿著白色襯衣、黑色長褲的年輕人，那應該就是俱樂部的發起人莊令揚了。

　　在陳逸藝正式參加俱樂部活動之前，李承軒已經和莊令揚溝通過，並發現俱樂部最近舉辦的活動內容很適合她參加。因此，李承軒提出讓莊令揚破例接納陳逸藝，讓她成為俱樂部的一員。

　　李承軒非常了解，陳逸藝現在最需要的不是繼續進行個人諮商，而是在一群擁有同樣疑問的人當中獲得愛和支持，從而建立自己的自信，掌握了解自己的方法。也只有透過彼此的互動和交流，愛的能力才能逐步提高。

　　莊令揚在接到李承軒的電話之後，的確有些為難。讀心術俱樂部是一個封閉式的俱樂部，俱樂部每年會舉行不同的主題活動，每次活動都會持續一段時間。在每個主題開始之後，不容許有成員中途加入。有特殊情況要加入的話，必須經過全體成員的同意才行，如果有成員提出異議，唯有等到下一主題才能參加。

　　於是，他在上一次活動結束之後，就為了讓是否新成員加入這個問題做了一個簡單的調查。調查之前，他簡單地介紹了陳逸藝的相關情況。成員們都一致認為，既然她也是一個急切需要獲得成長的個體，那麼應該早點加入這個俱樂部，早日成長，不必等到下一主題。

第二編　我是誰

　　莊令揚聽到成員們的分享之後，覺得非常感動。他知道，當每一個人都有可能會在這裡暴露出自己最隱私的部分的時候，要接納一個陌生人是多麼不容易的事情。他們願意接納一個陌生人，是對他的肯定和信賴，也是對他們自己的肯定和信賴。

　　莊令揚向成員們介紹陳逸藝之後，成員中響起了熱烈的掌聲。每一個人都用自己獨特的方式向她做了自我介紹，化解她這個「侵略者」的尷尬，讓她真正感受到了團體的溫暖，並快速地融入這個群體當中。

　　莊令揚看到陳逸藝找到屬於自己的位置坐下來之後，清清嗓子開始說話了：

　　「好了，今天的活動要開始了。今晚多了一個新成員，正是因為大家的接納，她才來到這裡的。信任和接納也是一種珍貴的能力，現在請為我們都擁有這樣的能力而鼓掌。」

　　成員們聽到莊令揚的表述之後，互相對視，一邊鼓掌，一邊露出會心的微笑。

　　莊令揚繼續說：「我們在一生中會遇到各種困惑和煩惱，這些困惑和煩惱有些是由外部原因引起的，有些是由內在原因引起的。所謂外部原因，就是我們的家庭、工作和人際關係；而內部原因，則是我們自己的心理、思維、價值觀和對自我情緒的察覺。在生命的過程中，我們都會不自覺地去探索和了解自己。讀心術心靈成長俱樂部從創辦以來到現在，已經有近千人曾經參加，我有幸和大家一起去分享彼此各自的生命故事，和大家一起成長。透過每一次的分享，我們彼此都獲得了心靈的成長和修復，我們都會感受到生命的喜悅和價值的展現。今天因為有新成員加入，所以我將重申這個俱樂部實現個人目標的三個方式。」

「第一,是我會透過相關的活動,把我所學的社會學、心理學知識,以及我在運用這些知識的時候獲得的經驗與大家一起分享和探討。各位在探討的過程中,可以結合與自己相關的部分,整合其中的經驗,用自己的方式,來探索自己的心靈。」

「第二,我們假定每一個生命都是獨一無二的,都擁有獨特的亮點和價值,都擁有像美玉一般的特質和能量,每一個人都是自己心靈成長的導師,也有能力成為別人的心靈成長導師。也就是說,當我們看不見的時候,別人可能會成為我們的眼睛;當我們想要檢視自己的時候,別人有可能是我們對照的鏡子,我們可以透過這面或那面鏡子看到自己擁有的特質,發現自己的優點,看到自己的缺點,這要靠成員之間的互動來完成。而彼此之間的互動,應該是毫無保留的,而且必須是真實的、真誠的。」

「第三,每個人來到這個世界之後,都會從不同的人群身上學到不同的東西,比如家人、老師、學者或社會上的企業家。我們透過他們的言傳身教或從他們的感人事蹟中收穫到智慧。其實,這樣的智慧是不是只有他們才能擁有?我們自己身上有沒有這樣的智慧?答案是:這樣的智慧不只他們身上具備,事實上我們每一個人都具備。關鍵就在於,你用了多少的時間和精力去體察自己,去了解自己,去發掘自己?我們自身並不缺乏智慧,我們所缺乏的,不過是真實面對自己時的感受。要體現這些智慧,我們就需要走進自己的內心深處去體驗自己真實的感情。那些智者所言,亦正是其自身的體驗。只有這樣,才能真正地成長。」

莊令揚的話音剛落,大家很熱烈地鼓起掌來。掌聲過後,他接著說:「除此之外,我還要重申一個規則,那就是我們每一個人都有屬於自己的故事,我們相聚在這裡,把自己生命中發生的故事和其他人一起分享,這是基於對每一個成員的接納和信任。因此,我們團體中的每一個人,不但

第二編　我是誰

要為自己的故事負責，還要為別人的故事負責。在這裡，出於對別人和對自己的尊重，我們需要做出一個承諾，承諾在活動過程中聽到的、看到的一切，我們只會帶走內心的感受，不會帶走相關的情節。現在，讓我們把手放在胸口，做一個宣誓，承諾一定做到的人，請大聲地念出自己的名字，表示以人格擔保遵守此項規則。」

直到念出自己的名字，陳逸藝心中才有一種塵埃落定的感覺。這個時候，她的內心不但覺得感動，還多了一種歸屬感。她覺得，自己一直尋找的，正是這種被尊重和認同的感覺。在這裡，她不但被自己認同，還被其他的人認同。而且這種認同是真誠的、真實的，沒有絲毫做作和虛偽。更何況在這個團體中，她還發現幾張熟悉的臉孔。那就是上次李承軒用心理劇治療的時候，曾經扮演過替身的程蕙蘭和江美心，見到她們時，這個團體讓她備感親切。

莊令揚在眾人宣誓過後，重拾話題：「今天的主題是『剝洋蔥，找自己』。」聽到這裡，眾人都面面相覷，不明所以。

莊令揚微微笑了一下，說：「洋蔥我們都看過，都吃過，對吧？有沒有人能告訴我，它是什麼樣子的呢？」

成員李龍說：「一層一層，很緊密地包在一起。」

莊令揚說：「沒錯。可是我們吃洋蔥的時候，往往都是用刀切，而不是一層一層地剝，對吧？」

眾人都笑著點點頭。

莊令揚說：「了解自己的過程，其實就像是剝洋蔥一樣。剝洋蔥的時候，我們會因為洋蔥散發出的刺激氣味而不斷地流淚。這和我們在探索自己的時候遇到的刺激是一樣的，同樣會令我們痛苦、流淚。現在，我想問

問我們的成員中，有沒有對待自己像剝洋蔥一樣層層深入的人？」

莊令揚說到這裡，眾人才明白剝洋蔥的真正含義，不由得相視笑了起來，這個比喻實在是太貼切了。

李龍說：「我來分享一下吧。3年前，我在公司裡面因為有了一些小貢獻，因此得到晉升和嘉獎。那個時候，這樣的光環完全遮蓋了我，讓我有些忘乎所以。我覺得我比身邊的每一個人都更強、更厲害，覺得自己受到晉升和嘉獎是天經地義的，而且是必然的。於是我改變了自己對別人的態度，漸漸地，我發覺自己越來越孤獨，我再也找不到人說話了。以前和我一起奮鬥的同事，當我再去找他們喝酒聊天的時候，他們開始推辭了。我不明白這是為什麼，我很茫然，而且難受。這個我曾經熱愛的團體，好像丟棄我了。而身邊圍著我轉的那些人，說著奉承的語言，帶著獻媚的笑容和我交往。我每次看到他們，就會問自己，這就是你要的嗎？你需要的原來是虛偽的讚美和榮譽嗎？這些東西能夠帶給你什麼？於是，我開始思考自己的轉變，並且希望找到一種方法可以重新調整自己和同事之間的關係。也正是因為這個原因，我才參加這個俱樂部的。」

陳逸藝在李龍講述自己的故事的時候，不由想起以前成龍演過的電影叫《我是誰》，講述的是一個因意外事故失去記憶的特務尋找自己的故事。

她覺得尋找自己、發現自我的過程，也正是知道「我是誰」的過程。假如自己真的是一個洋蔥，那麼最接近他人的部分，肯定是離自我最遠的部分。那麼，這一部分是怎麼造成的呢？究竟是什麼原因，讓我們把自我重重地包裹起來呢？

她想起了父母對她的期待。父母從小就希望她長大以後是一個知書達理的人，將來嫁一個好人家，享清福，讓父母也能沾點光。所以她「知性」

第二編　我是誰

　　的外衣是因為父母的願望穿上的。那麼自己的身上究竟有多少類似的外衣呢？那些為了迎合別人不知不覺中穿上的外衣。這一層一層的包裹，由柔軟到堅硬，讓自己越來越遠地離開自己的內心。想到這裡，她不由得產生了快點把自己弄清楚的願望，她希望自己能夠早日接觸到真實的自我。

　　李龍這個時候結束了自己的分享，莊令揚問：「逸藝，我注意到你在李龍分享的過程中一直若有所思。是否有新的感悟呢？願意和大家分享一下嗎？」

　　陳逸藝說：「我聽到李龍的分享之後，認為我們現在身上的外殼，其實是為了得到這個社會和我們身邊的人的接納才穿上的。比如，我們希望得到別人的稱讚，於是讓自己變得乖巧、能幹；為了讓別人認為自己通情達理，而掩飾自己真正的需求，去迎合別人的需求並成為這樣的人。我們過於在乎別人的看法，於是願意穿上各式各樣的衣服，久而久之，就形成了堅硬的外殼，把真實的自我包裹在最裡面了。我們給了這樣的外衣一個合理的名字，叫做保護殼。但是其實，這並不是保護殼，這等於是造了一個將自己完全軟禁的房子，自我被綁架了，被完全地遮蓋了。而現在我們就是要攻破這層層的關卡，把它救出來。」說到這裡，成員們已經忍不住報以熱烈的掌聲。

　　莊令揚說：「說得非常有理，發現自我的過程的確是不容易的，需要一步一步慢慢地實現，不能操之過急，因為這些裹在我們身上的殼有的厚、有的薄。如果我們未經了解就動手，用同樣的力度，就很容易會傷了自己。接下來，誰願意分享一下自己聽到這番話的感受？」

　　在整個過程中，陳逸藝獲得了從來沒有過的滿足和自信，她第一次發現自己其實有能力認識自己，過去一直未能這樣做，是因為缺少了自信和力量。

接下來整整 10 天的時間，她一直都在不斷地思考著這個問題，怎麼獲得自信和力量？她不斷地追問自己：「我是誰？我究竟是一個什麼樣的人，剝開了重重的包裹之後，自己究竟是什麼樣子的？」

除了拿起畫筆畫畫，她甚至還從市場上買了幾個洋蔥回來剝，希望透過這樣的行為找到一絲靈感。她曾經剝開過一個裡面是空心的洋蔥，這又給了她一個懸念。是不是每一個人剝開了所有的外殼之後，都會發現自己？有沒有人在剝開了所有的外殼之後，是空心的？那麼，這個時候該怎麼辦呢？

想到這裡，她忍不住撥通了李承軒的電話：「李老師，你現在有空嗎？我想和你探討一個問題。」

李承軒說：「剛好有空，你有什麼問題要和我探討的呢？」

陳逸藝於是把參加俱樂部的情況大致說了一下，然後問：「我很想知道，會不會有人剝開了所有的外殼之後沒發現自我的？」

李承軒笑著說：「並不排除有這樣的人，但是那些人已經不屬於我們的研究範圍了。我現在倒是很有興趣知道，你剝開了洋蔥之後，發現了什麼樣的自己？」

陳逸藝說：「我嗎？我發現自己是個缺乏安全感的、需要愛、渴望被愛的女人。」

李承軒說：「這很久之前你就已經發覺了，你現在有沒有新的發現呢？比如，你的安全感是在什麼時候失去的？是因為什麼失去的？你愛人的能力又是在什麼時候失去的？你想過這些嗎？」

陳逸藝說：「看來，我還真得想一想這些問題，而不應該去糾纏剝開洋蔥之後能不能發現自己的問題。」

第二編　我是誰

　　李承軒說：「是的，剝開之後有沒有自我，也不是什麼特別的問題。自我有可能在剝洋蔥的過程中，已經慢慢地恢復了，那麼剝開之後自然不會再發現被禁錮的自我了。」

　　陳逸藝說：「是啊，我怎麼就沒有想到這個問題呢？這個電話真的打對了，謝謝李老師的指導。」

　　李承軒說：「不客氣，以後想到值得探討的問題，我們都可以彼此交流一下自己的看法。我一直認為，思維要經過不斷的碰撞，才會產生讓人驚喜的火花。」

　　陳逸藝掛了電話之後，想起莊令揚說的一句話：「我們每一個人只要勇於探索、勇於嘗試，一定會有全新的體驗。」

　　她心想，這幾天所想的、所做的，就是一個全新的體驗了。她相信，只要自己堅持參加這個階段的活動，新的體驗還會陸續到來。

穿上防彈背心也認得你

　　在橘黃色燈光籠罩的橢圓形房間裡，陳逸藝抱著一個綠色的方形小枕頭，以最舒服的姿勢坐在木地板上，訴說著自己這幾天獲得的感受。

　　她說：「透過剝洋蔥的活動，我清晰地意識到自己在成長的過程中出現的問題，也就是說找到了成為今天的我的一部分原因。我上次分享過，在我們成長的道路上，我們會因為過於在意別人的評價，而喪失了自己的價值觀。從父母和師長的角度，他們認為這是一種教育的方式。的確，孩

子是需要教育的，不經過教育也不會成長，但是教育孩子要和孩子本身的特點相結合。顯然，我小時候父母沒有想過這些，他們用自己覺得有效的方式來教育我，而我對這樣的方式顯然沒有分辨就接受了。所以，今天的我就成了他們期望的我，而不是真的我。至少，不是全部真的我。我做事或做人，都會先從別人的眼睛裡看自己，先衡量一下後果，結果我放棄了很多自我的決定。甚至有可能，我根本不敢產生自我的決定。當我發現了這一點後，我做任何重要的決定之前，首先會問自己，這是為誰做的？」

「我舉一個例子，之前，我的同事已經習慣讓我幫她複印文件，因為複印室比較遠。每次只要我即將走出辦公室，她都會叫住我說：『逸藝，順便幫我拿什麼東西去複印啦。』為了保持一種老好人的形象，我有時候甚至會特意繞到複印室去幫她複印，但其實內心是很不情願的。最近我覺得自己最大的進步，就是懂得拒絕了。我在她再次要求我幫她複印的時候表達了自己的真實想法，我說：『我這次是出去採購文具，不會經過複印室，你自己去複印吧。』雖然這是很簡單的一句話，但是我知道，對我來說，要說出這樣的話並不容易。而我能夠說出這樣的話，也就表示，我已經剝離了一件束縛我的外衣，我離自己又近了一些。」

莊令揚在聽的過程中，不斷地點頭。這一次，他從陳逸藝的言談中，發現她變得更加從容了。他知道，她的自信心已經慢慢恢復了。聽她分享完之後，他說：「聽到逸藝的分享，我覺得非常高興，她進步很快。我想我們都應該給她熱烈的掌聲，表示祝賀。」

陳逸藝說：「這是我這幾天來的心得，很高興能夠在這裡和大家一起分享。接下來，也很希望你們能和我分享你們的體會。」

周圍突然沉默了下來，陳逸藝對這突如其來的沉默感到一些不習慣，轉頭看看莊令揚。只見他依然淡定地坐在人群中間，臉上帶著淡淡的微笑。

第二編　我是誰

陳逸藝想，為什麼我的內心會有惶恐的感覺？我真的如自己所說的那樣，不在乎別人的看法了嗎？那麼，為什麼掌聲和老師的肯定會讓我覺得快樂？

想到這裡，她不由得又想，肯定和掌聲，會讓每一個人都感覺快樂，不單單是我，這本來就是人的自然反應。只不過，以往我是過分重視，以致去刻意追求罷了。

剛想到這裡，就聽見莊令揚說：「剛才聽了逸藝的分享，各位內心有什麼樣的感受呢，是否可以分享一下？」

成員劉大偉說：「我覺得，我們每個人在社會上都扮演著不同的角色，戴面具有時候是需要的，如果完全以真我示人，難道不會受到傷害嗎？」

莊令揚說：「這個問題問得很好，現在，誰來幫他解答一下？」這個時候，程蕙蘭坐直身子，調整了一下姿勢說：「讓我來說兩句吧。是的，我認同劉大偉的話，我們在社會上的確是扮演著不只一個角色；每一個角色，就等於是一個面具。但是久而久之，我們已經發展到不只保護面部的表情，還保護自己整體。也就是說，我們開始穿上防彈背心。這個防彈背心是個比喻，就像是洋蔥的每一層。本來穿上背心來自我保護也無可厚非，最怕的是我們不願意脫下來，以此作為保護殼，這是一件很可怕的事情。」

說到這裡，她停頓了一下，眾人報以熱烈的掌聲。

她端起放在身邊的茶杯，喝了一口，然後說：「慢著慢著，我還沒有說完呢。」

大家聽到之後，不由得都笑了起來。

蕙蘭說：「另外我覺得可怕的就是，我們自己也不知道身上究竟穿了幾件背心，我們往往在穿上背心之前，只參照過去的經驗來評估，認為事

情有危險性、對自己存在威脅,就會隨手揀一件背心穿上,事實上,威脅是不是真的存在?是不是真的有必要穿上防彈背心?很多人恐怕都沒有認真考慮過。結果,背心越穿越厚,甚至演變成在家裡也穿著,脫不下來了,久而久之,就變成人家認得你,而你不認得自己了。就像一句臺詞一樣『穿上防彈背心我也認得你。』」

說到這裡,大家不由得又笑了起來。

等大家笑完之後,蕙蘭又接著說:「最後我要說的並不可怕,我們也知道,我們來到這裡,是因為對自己不夠了解,也不知道怎麼去了解。但是,我們需要的不只是能看清穿了防彈背心的自己,還要看清穿了防彈背心的別人。我很想知道,是不是只有心理學家才能透過表象看本質?是不是只有他們才能透過一個人的行為就明白相關的緣由?事實上在現實生活中,我們這些不具備心理學專業知識的人能夠把這類人辨別出來嗎?各位是怎樣識穿別人的防彈背心,看到他內心的呢?」

蕙蘭說完之後,成員們都陷入了沉思中。

不久,坐在陳逸藝旁邊的江美心開始說話了:「我覺得要看穿別人的防彈背心,首先我們應該對各類的背心有所認知。還有,我們是不是一定要看穿他的背心?我們能不能接受別人穿著背心出現在自己的面前?如果我們不能夠接受,又是為了什麼?我們不接納穿了防彈背心的人,這和自我接納有沒有相關性?」

美心話音剛落,坐在她旁邊的蕙蘭接過話頭:「不接納穿了防彈背心的人,和自我接納一定是相關的。很多時候,我們會不接受一個人,通常是因為一種投射,極有可能在對方的身上,展現出自己的某一種特質,而這種特質是自己不能接受的。因為,從某種意義上來說,不接受他人,也

第二編　我是誰

就等於不接受自己。所以，莊令揚老師才會一再強調，接納也是一種能力。當我們能夠坦然地接受他人的時候，證明我們的自我是有力量的。而且，只有當我們接受了他人之後，才能了解他究竟穿了哪一類背心，以及他穿背心的原因。並不是說穿上防彈背心，不以真面目示人的都是偽君子，對嗎？我覺得只有當我們有接納別人的能力的時候，我們才會變得越來越強大，越來越完善。」

　　蕙蘭分享完畢之後，成員們又陷入了沉默之中。

　　這時，莊令揚開始說話了：「今晚聽了大家的分享，感覺到各位的成長，讓我覺得非常開心。的確，接納是最重要的。一開始在逸藝和我們分享她的感受的時候，她也充分地表現了自己的接納。她接納自己不是每一次都能夠幫助到別人，因此表達了自己真實的想法，不再強迫自己為那位同事複印檔案，這是一個非常可貴的轉變。至於怎樣看穿一個人身上的防彈背心，這也是要在讀懂自己之後才能做到的事情。每一個人的心理其實都沒有本質的區別，當我們學會理解自己之後，也就意味著我們已經有能力去理解別人了。其實不穿防彈背心在社會上出現的人，是不多的。正如劉大偉所言，防彈背心是自我保護的一種形式。我們沒有害人之心，但是防人之心不可無。我們所要掌握的，是時機的問題。只要明確知道什麼場合需要穿，什麼場合不需要，這就可以了。」

　　回去的路上，陳逸藝想起了一件往事：

　　在四年級的時候，自己因為穿了一條有補丁的褲子而遭到班上一個有錢同學的嘲笑，自此之後，她不再和有錢的同學交往。事實上，到了讀國中之時，家裡的境況已經大有好轉，但是她和班上有錢的同學卻始終保持著距離，哪怕人家是因為學業上需要得到她的幫助而找她，她也懶得搭

理，於是有些同學忍不住在背後說她故作清高。這應該就是她的第一件防彈背心。

　　結合當晚的內容，她明白這是一種過度自我保護的行為。可是在那個時候，她又豈能明白呢？而現在自己的身上，還不知道有多少件外衣是屬於孩童時代的。不過，她相信，只要不斷地對自己進行探索，無論多少件外衣，她都會數清楚的。

　　想到這裡，她不由得又想起了自己的女兒曉媛。她現在是不是也開始懵懵懂懂地穿上自我保護的外衣了呢？這個孩子從小就沉靜，從不會纏著自己問這個問那個。自己再次結婚的時候，要她叫繼父為爸爸，她也毫不猶豫，並且從不會提出要去看自己的親生父親。她真的就這麼乖巧嗎？她的內心真的沒有疑問嗎？究竟是什麼讓她抑制了自己的好奇？

　　她不希望孩子長大以後像自己一樣，要承受內心的煎熬。可是她也知道，如果自己繼續忽略自己的孩子，讓她感覺自己缺乏愛，她長大以後，一定也是一個缺乏安全感，缺乏愛人的能力的女孩子。如果那樣，她怎麼可能經營好自己的生活？想到這裡，她不由得心如刀割，開始悔恨自己對女兒的疏忽，恨不得馬上就回到女兒的身邊，向她表達自己對她的愛和自己的懺悔，希望能夠撫平自己給她帶來的傷害。

拔腿毛的小女孩

　　陳逸藝抱著方枕，靠在牆壁上，看著正在說話的莊令揚。今晚活動的主題是「內在小孩」。

第二編　我是誰

　　莊令揚坐在她的對面，室內溫和的燈光落在他的臉上，像是給他鍍了一層光芒，他說：「在每個人的內心都有一個小孩，這個小孩就是自我。一個人在生命旅途中會經歷各式各樣的事件，今天的自己就是由此塑造而來的。為什麼我們的自我會一直住在心裡，而不是伴隨著我們長大呢？是因為過去的那些事件從我們經歷的那一天起，就一直困擾著我們，我們一直沒能從某個事件中走出來。每個人生理成長的歷程大致是相同的，都是按部就班進行的，且每一階段都有發育的主題。」

　　「例如，孩子在2～4歲的時候是語言發育的關鍵期，而語言與思維關係密切。因此，如果錯過了這個關鍵期，就會在其心理上造成某種缺陷，甚至終身無法彌補。也就是說，每一個階段都有一個最佳引導時期，這是人類在生物科學研究中不斷總結出來的規律。同樣，我們每一個心理發育階段也有不同的主題。1～3歲是一個孩子建構原始信心的時候，這種原始的內在信任是一個人心理發展的基礎，這個時候是原始信任感發育的關鍵時期。」

　　「現在的人，也越來越注重小孩子安全感的建立。當一個孩子出生之後，有經驗的護理師會將他緊緊抱在懷裡，或者找一些柔軟舒適的毯子把他包裹起來。透過這樣的方式，來消除他在經過產道擠壓時造成的恐懼，讓他得到安全感。如果一個孩子的安全感沒有建立起來，那麼他長大以後就會成為一個缺乏安全感的人，而且不容易對人或對事產生信任感。」

　　「有一個女孩，在她兩歲的時候，被父母放在外婆家撫養。這樁突然和父母分離的事件，讓她首次體驗到創傷，從而產生了被拋棄的感覺。而這個創傷如果一直沒有得到修復，那麼她長大之後，在自己的親密關係中就會隨時把這種不安全感展現出來。比如一旦伴侶不告訴她他的去向，她就會忍不住胡思亂想，嚴重的時候可能還會僱人跟蹤自己的伴侶。這個時

候即使對方跟她解釋、澄清，效果也是不大的。結果，因為對方感覺自己不被信任，親密關係可能會遭受破壞。這種不信任感，其實是過去被拋棄的小女孩的不信任。這種做法是過去受到創傷的小女孩害怕過去的事件會重演，害怕自己會再次被拋棄而做出的行為。這個停留在內心深處一直沒有長大的女孩，我們就稱為內在小孩。」

莊令揚說到這裡的時候，陳逸藝不禁想起了自己內心的三姐妹。她們正是一直受著過去事件的影響，並且一直跟隨著自己，雖然無形無影，卻的確在自己的生活中隨處可見。

莊令揚說：「根據我的經驗，內心的小孩並不一定都是創傷型的，還有一種是天真型的。」

劉大偉說：「莊老師，天真型小孩和創傷型小孩有什麼不同？」

莊令揚說：「在我們的生活中，你們有沒有發現一種很有趣的人。他們有可能到了三十多歲還不願意結婚。和他們相處會很愉快，但是他們不願意負責任。在責任面前，多數會選擇逃避。這是在溫室裡長大的小孩，成長過程中非常順利，沒有受過什麼挫折和考驗，所以我們把這一類的人稱為天真型小孩。」

江美心說：「我沒有看過天真型小孩，不過我覺得自己是一個創傷型小孩。」

只聽莊令揚說：「你說自己是創傷型小孩，你是根據什麼判斷的呢？」

美心說：「曾經有一個很好的朋友跟我說，其實有時候和我相處是一件很累人的事情，因為有時候她們不得不提防我。」

大家聽了之後，都非常感興趣，端正坐姿等著她說下去，莊令揚也饒有興趣地看著她。

第二編　我是誰

　　她說：「舉個例子吧。我有個朋友是做化妝品生意的，她代理了一個知名品牌。某天，我主動說要介紹一個客戶給她，但是正當她在跟那個人介紹自己的產品時，我卻說某個品牌的同類產品用起來感覺更好。更糟糕的是，我說了自己卻一無所覺。要等事後人家問我是什麼意思的時候，才想起自己說錯了話。事後我也後悔自己實在不應該在那個場合說這樣的話，但是為時已晚。這很傷朋友之間的感情。」

　　莊令揚問：「這樣的表現，經常出現嗎？」

　　美心說：「不是很經常。偶爾一次就不得了了，如果經常的話，人家還不和我絕交啊？」

　　眾人聽了之後，不由得笑了起來。

　　莊令揚說：「我感覺，這是一個喜歡惡作劇的小孩。她喜歡引起人家的注意，會在別人不理會她的時候做些小動作。比如，偷偷摸摸地跑到大人的身邊拔他的腳毛，在別人責怪的時候，會覺得不好意思，但是內心卻會有得逞的喜悅感。」

　　美心說：「老師，我沒有喜悅感。事實上，我事後覺得蠻難過的。」

　　莊令揚說：「我相信你沒有喜悅感，但是你內心的小孩一定有。而且，我相信她不會見人就拔腿毛，她會惡作劇必定是有原因的，也許那個人讓她覺得不舒服。你好好地想一想，各位成員也想一想，自己的內在小孩，有沒有做過什麼惡作劇的事情，為什麼做？」

　　陳逸藝說：「類似的惡作劇，我曾經在母親的身上做過，也在我以前的男朋友身上做過。我想，也許是那種讓我們感覺又愛又恨的人身上，我們會常做一點。主要是希望他能夠注意自己。」

　　美心說：「引起注意？我倒覺得自己像是在賣弄什麼呢。可是我又不

拔腿毛的小女孩

知道自己在她面前有什麼要特別賣弄的。我真的搞不懂。」

莊令揚說：「這個問題才剛被提出來，你暫時找不到關鍵點，也是正常的。但是可以把這個當作一個線索，然後順藤摸瓜，相信問題的答案很快就會水落石出的。不如這樣，我把這個問題當成作業。你們回去之後，找個時間好好了解一下自己的內在小孩，並將他所表現的行為特點寫出來，而且要註明他的年齡。作業在下一次活動時帶來討論。下一次的活動依然是以「內在小孩」為主題，不過我會換一種方式。事實上，我們了解自己的內在小孩有很多種不同的方式。而下次我們將要使用的技巧，是李承軒老師自己創造的一個技術，他用這個技術，已經幫助不少人達成了自我成長。希望各位在體驗那個技術之後，能收穫更多。」

在莊令揚談到天真型小孩的時候，陳逸藝想起了楊浩然。

楊浩然的家境一直很不錯，父母親早期因為得到了一個外國親戚的扶持，自己開了一家貿易公司。因為夫妻倆經營得當，生意越做越大，後來在其他地方又開了一家分公司。

楊浩然是獨生子，從小就很受父母寵愛。無論是生活、讀書還是工作，從來不需要自己操心。每一個階段，父母都幫他打點好一切，他只需要身在其中就行。

陳逸藝後來應徵到楊浩然父母創辦的分公司工作。他讀完研究生之後即到該公司擔任總經理職務，在他就任之後，她經人事部推薦，成為他的私人助理。

她比楊浩然年長兩歲，所以一直將他當弟弟般地照顧，小到衣帽鞋襪，大到公司會議，無不安排得妥妥當當，從來沒有讓他花過心思。因此，楊浩然對她特別有親切感，特別依賴她。後來逐漸對她產生了愛情，

第二編　我是誰

表示要追求她。

陳逸藝一開始並不接受他的追求，因為她不想讓自己成為一個超級保母。但是楊浩然並不理會她的拒絕，繼續執著追求，每天不是送花就是送禮物，並開始接觸她的家人，希望透過家人來說服她。

楊浩然本人其實並沒有什麼不好，唯一的不好就是不像一個成年人。但正是這種小孩般純真的心性，讓他在陳家大受歡迎。陳逸藝的父母一致認為，他是一個值得託付終身的人，並且家裡有錢，嫁過去後不用受苦。她見到父母如此喜歡，並且自己也感覺到他的真誠，於是開始和他交往。

兩個人在交往不久之後就結婚了。結婚之後，她不再在公司工作，而是回歸家庭做了專職的家庭主婦。婚姻生活還算愉快，但是孩子的出生卻讓彼此之間的關係發生了巨大的變化。在知道自己懷孕之後，她興奮得睡不著，但是楊浩然卻絲毫沒有當父親的喜悅。不但如此，她每次產檢，他既不會陪她去醫院，對檢查的情況也不過問。

他的態度讓她覺得難以接受，這孩子是兩個人的，而他卻覺得和自己沒有任何的關聯。甚至在她生小孩的時候，他以公司事務繁多為藉口，沒有到場。孩子出生之後，他連抱都沒有抱過，感覺就像是別人的孩子一樣。最讓陳逸藝難以接受的是，他居然把孩子當成是自己的敵人，認為這個孩子搶走了她。甚至後來，他開始追求別的女人作為對她疏忽他的報復，發展到最後，公然承認婚外情。

陳逸藝無法接受他的轉變，於是提出離婚，孩子歸她撫養，楊浩然每月支付女兒若干生活費直到她成年。離婚之後，他一次也沒有來看過自己的孩子。直到離婚後的第三年，他突然得了重病。那時候他以為自己將不久於人世，於是提出要見孩子，曉媛才第一次跟他見面。曉媛在他生病的時候幾乎天天陪在他的身邊，讓他充分感受到了當父親的樂趣和尊嚴。於

是病好之後，他依然提出要和小孩見面，陳逸藝對他以前對孩子不聞不問的態度耿耿於懷，不願意讓他接觸小孩。為此，曉媛有段時間對她很失望。現在回想，她不知道楊浩然以前的內在小孩算不算是一個天真型小孩。

但是不管他過去如何，現在的他真是成熟了不少。以前他主動認識她的父母，不過是希望她的父母能夠幫助他說服陳逸藝嫁給他。現在，他對她父母的關心卻是完全出自內心的。每次到「親子日」的時候，他都會帶些小禮物給陳逸藝的父母。東西未必貴重，但是對於老人家來說卻很實用。甚至有時「親子日」，他也不帶曉媛去外面玩，就賴在陳家和陳父下棋。

陳逸藝知道他又開始使用當年的糾纏策略了，但是偏偏家裡人就吃他那一套，大人小孩都歡迎他，還巴不得他就住在家裡。閨密何敏華和林鳳同時也在勸說她重新接納楊浩然，不為了誰，就為了孩子。陳逸藝每當聽到這些話的時候，總覺得很鬱悶，有苦說不出。

雖然她知道自己現在經歷的那段感情未必能夠帶給自己幸福，儘管那個人也說她和楊浩然復合是對她最有利的選擇。但是，每當他這樣勸說的時候，自己依然會忍不住覺得難過，認為他不過是希望早點擺脫她，回歸家庭。

結果，陳逸藝又開始迴避楊浩然，只要是有他出現的場合，哪怕是父母家，她也會找到各式各樣的藉口，避免出現。

父母無法理解她的做法，對她的行為覺得很失望。正是因為如此，他們就對楊浩然加倍地好，因為他們覺得是陳逸藝辜負了他。這真讓陳逸藝哭笑不得。

第二編　我是誰

石頭的故事

　　陳逸藝來到俱樂部的時候，就看見木地板上放著一塊白色的毯子，毯子上面放著一堆石頭。先來的人都靜靜地坐著，沒有人說話，好像都在猜測石頭的用途。

　　她坐下來之後，認真地看了一下那些石頭，發現這些石頭形狀顏色各不相同，各有各的特色，讓人覺得這一堆的石頭就像是今晚坐在房間裡的、有著不同的面孔的人一樣。

　　這個時候，莊令揚推門進來，坐到他平時習慣坐的位子。今晚他穿著一件粉紅色的襯衫，配上藍色的牛仔褲，顯得神清氣爽，給原本有些沉悶的氣氛注入了一些活力。

　　他說：「我知道大家對這一堆石頭很好奇，很想知道它們為什麼會出現在這裡，有什麼用。我現在告訴大家，今晚我們要進行的活動主題叫做『石頭的故事』。這一堆石頭，雖然是沒有生命的，但是它們卻可以代替我們講述心中的故事，幫助我們成長。現在，每一個人來到石頭的面前，挑選一個自己看起來最有感覺的石頭，被選中的石頭，會在接下來的活動中代表自己發言。今晚，它就是你的內在小孩。」

　　說到這裡的時候，他環視了一下周圍，溫暖的眼神隨著輕柔的聲音，在每一個人的心坎上輕輕拂過，帶走了白天的疲勞。

　　巧巧說：「老師，我覺得自己內心裡有幾個內在小孩，那我是找一塊，還是找幾塊？」

　　莊令揚說：「這個問題問得好，也許這個時候，我們能夠感受到自己

的內心中有幾個不同的小孩存在，但是，卻不是每一個小孩都需要在這個時候成長，是不是？那麼，我們只需要跟著自己的感覺，找一個缺乏力量的孩子出來，並且幫助他選一塊石頭，就可以了。」

陳逸藝來到石頭旁邊，一時之間不知道自己該如何選擇。目光流轉之間，她突然發現有一塊黑色的石頭被尋找石頭的眾人擠出了石頭堆，正往毯子的邊緣滾動。不知道為什麼，在石頭停止滾動默然躺在毯子邊緣的時候，她覺得自己的內心好像被什麼東西悄悄地扯動了一下。於是，她沒有再猶豫，伸手撿起這一塊石頭，重新回到自己的位置。

她坐下來之後，攤開手心，仔細端詳著自己撿來的這塊石頭。這是一個表面很光滑的小傢伙，此時，室內的光線照在它的身上，散發著柔和的光芒。這個時候，她才發現石頭上有幾處細小的裂痕，像是被鋒利的刀尖劃開的口子，並不像遠觀時那樣光滑。

她不自覺想到了自己，眼睛不由變得溫熱起來。

莊令揚看到每一個人都選好石頭回到自己的位置之後，說：「現在，請各位給自己手中的石頭取一個名字。」

劉大偉問：「為什麼要取名字，有什麼用？」

莊令揚說：「你一出生，你的父母是不是就給你取了一個名字？」劉大偉說：「是的。」

莊令揚說：「所以，你給石頭取名字，和你父母給你取名字是一樣的。承認、接受它的存在。」

陳逸藝這才知道給石頭取名的意義。她想了想，既然石頭代表的就是自己，那麼就用自己的名字為石頭命名吧。

她剛確定下來，就聽見莊令揚說：「現在，請把你們的石頭放在自己

第二編　我是誰

面前，靜靜地看著它，去感受它。它就是我們曾經的自己，它是躲在我們內心的真實的自我。在我們知道它的存在之前，我們看不到它，聽不到它，也不知道它，它其實時時刻刻影響著我們的生活。此刻，既然我們已經知道了它的存在，那麼，就請好好地去感受它，去體會它和自己之間的連結，去體會它的需要和它的渴望。如果你感覺到了，請你給你的石頭寫一封信，告訴它你現在的感受。」

陳逸藝凝視著面前擺放在木地板上的石頭，石頭沉默不語，卻似乎在控訴。控訴這麼多年來，她對它的忽略，控訴她看不到自己的恐懼，看不到自己內心的委屈，控訴她一直將自己封閉在漆黑的世界裡。此時，她的眼淚撲簌撲簌地掉了下來，落在石頭上。

她拿起身邊擺放著的紙筆，寫道：「小藝，你好。我是長大後的逸藝，今年35歲。今天是第一次正式和你說話，希望一切都還來得及。我想，這35年來，你一定在努力著，希望和我溝通，但是我對你的存在卻沒有任何察覺，真是對不起。現在，我終於知道，原來過去的經歷影響的並不是我，而是你。是你一直沒有辦法擺脫，並透過各種形式想要告訴我，而我卻不明所以，讓你遭受了巨大的痛苦。我並不知道，我悲嘆著生活對自己的不公平，原來這也是你的心聲。同時，我瞧不起自己、怨恨自己，卻不知道我是在怨恨著你。其實我又有什麼理由來怨恨你呢？你是那麼可憐，你告訴我，你渴望被愛、渴望溫暖、渴望安全。然而我卻把你的願望曲解了，我用了一種並不適合的方式，讓你更加難受。而我到現在才真正明白，為什麼你會憤怒。」

周圍很安靜，所有的成員都沉浸在自己的思維當中。陳逸藝寫完之後，停下筆，把石頭握在自己的手心裡。她閉上眼睛，感受著從手心裡傳來的存在感。此時，她的眼前突然又浮現出那個躲在牆角的孩子。

石頭的故事

那孩子正抬起頭來，默默地看著她。陳逸藝知道，這就是過去的自己，受了委屈不被人理解的自己，於是快步走過去，把她緊緊地抱在自己的懷裡。她感覺到那小小的身體掙扎了一下，但是，她沒有因此鬆開自己的雙臂，而是更加堅定地抱緊她。

時間一分一秒地流逝，她們就這樣靜靜地擁抱著，誰也沒有說話。慢慢地，她感覺那個小女孩伸出手來，抱住自己，並且開始哭泣。她知道，這個時候，兩個人的內心已經開始建立起一種堅定的連結。想到這個，她再也控制不住，又一次熱淚盈眶。

突然，她感覺到一股力量從自己的肩頭上傳過來，睜開眼睛回頭望去，就看見莊令揚正站在自己的背後，他的左手，正按在自己的肩膀上，他的眼神依然透著無限的溫和與堅定，給人一種安全和踏實的感覺。於是，她向他點點頭，感謝他對自己的支持。莊令揚在她的肩頭上輕輕地拍了一拍，然後離開，去另外一個成員的身邊，給予同樣的支持。

中間休息過後，莊令揚讓成員彼此分享寫給石頭的信。

劉大偉照例第一個舉手分享，只聽他念道：「多多，我終於知道，這些年來是你在影響著我，可是，我不知道你在擔心什麼。如果說，小時候的你沒有力量，不能自己左右一些事情。但是今天的我卻已經有了足夠的能量。為什麼這個時候，我們依然不能夠好好地相處呢？你還害怕什麼嗎？所有的一切，我都已經有足夠的力量去面對，你只需要跟著我踏實地往前走就行了。」

在劉大偉讀信的過程中，陳逸藝又看了一下自己寫的信。因為她在他的信中沒有感受到愛和溫暖，只有理性的分析。這和她過去與內在小孩溝通的方式是一樣的。看著自己的信，看到字裡行間都是在對內在小孩表達

第二編　我是誰

自己的情緒和情感，她真正地感覺到了自己的進步。

莊令揚在劉大偉唸完之後，問道：「這是劉大偉寫給石頭的信，大家聽了之後，感覺如何？」

陳逸藝說：「我聽了劉大偉的信之後，覺得他有點像在說教。就是大劉大偉在教育小劉大偉。」

眾人聽到她的話之後，都笑了起來。

劉大偉不好意思地撓撓頭，說：「可是，我平時就是這樣子的啊。」

莊令揚說：「如果，別人在你最脆弱的時候，也寫這樣一封信給你，你看了之後會有什麼感受呢？」

劉大偉聽了之後，愣愣地坐在那裡，說不出話來。顯然，他還沒有發覺自己的信有什麼不妥當的地方。

莊令揚問：「你能感覺到愛嗎？你能感覺到，他明白你內心的渴望和需求嗎？」劉大偉搖搖頭。

莊令揚笑了，說：「那好，你現在靜靜地聽一下別人的信，看看有什麼不同的感覺。」

待大家輪流把信讀完之後，莊令揚說：「我們每個人對待自己內在小孩的方式都是不同的。但是對待內在小孩有一個關鍵點，就是不要和他講道理。孩子不懂任何的道理，他只會在意自己看到的和聽到的。現在，讓我們成為內在小孩的代言人，以他的語氣給自己寫一封信。希望透過這封信，每個人更能體會到內在小孩的需要，更懂得應該怎麼去接納他。能不能寫好這封信，關鍵在於要對內在小孩的內心有一定的了解。這樣一來，就不只鍛鍊了我們體察他人的能力，同時也鍛鍊了體察自己內心的能力。當我們能夠很好地去體察別人和自己的時候，我們就能成為一個有愛的能

力的人。」

　　陳逸藝寫第二封信的時候，感覺小女孩就坐在自己的身邊，低著頭正跟自己說話。

　　她說：「媽媽昨天又罵我了，她說我沒有姐姐那麼懂事。她叫我幫她洗菜的時候，我把盆子裡的水打翻了，她說我什麼都做不好。她不知道那個盆子對於我來說太大了，裝滿水之後，我都端不動。但是我不敢告訴她，因為她會罵得更凶，說我狡辯。我不要成為一個喜歡說謊的孩子。晚上，看著媽媽陪姐姐做作業，我就很羨慕，我也希望她能夠陪我做作業。雖然那些題目我都懂，但是如果有媽媽陪在我的身邊，我會做得更開心一點。可是媽媽從來都不知道這些。爸爸對我很好，很疼我，但是總要很晚才能回來。他上班很辛苦，每次回來的時候，我都已經睡著了。我晚上經常做夢，總是夢見媽媽要來抱我的時候，就突然有事情要做，都是還沒有抱到我，她就走了。我多麼希望她能夠好好地抱抱我、親親我，就像爸爸一樣。可是她從來都不這樣做，我經常想這是不是因為她討厭我，不喜歡我呢？」

　　此刻，童年的往事就像昨天剛剛發生過一般清晰，她清楚地聽到了母親的罵聲，看到了爸爸無奈的表情，看到了自己無助地坐在板凳上，不敢說話。於是，剛才已經止住的淚水又悄悄地滑出眼眶。

　　當她擱下自己的筆，再次從地板上把石頭拿起緊握在手心的時候，聽見莊令揚說：「現在，我們已經長大，我們已經學會了透過各式各樣的方式把自己包裝成堅強的模樣，但實際上我們的內在小孩依然脆弱無比。雖然今天我們透過自己的努力，獲得了財富和社會地位，獲得了別人的認可，卻不知道人生最重要的是自己要對自己認可。」

第二編　我是誰

「這封信，表面看來是讓我們揭開了過去的傷疤，讓我們再次痛苦。但其實，也正因為過去我們一直缺乏面對自己的勇氣，對內在的自我不接納、不認同，才導致這樣的痛苦延續到今天。透過這封信，我相信在座的每一個人都會更加了解自己的內心，更加了解愛人和被愛的重要。這份了解，是自己送給自己的最珍貴的禮物。」

聽完莊令揚的話之後，她想起了在李承軒的諮商室裡進行的上一階段的最後一次訪談。李承軒問自己能否去愛內心的三姐妹時，她是茫然的。她不知道自己應該從哪裡開始，她兜兜轉轉，好像總是找不到進去的門。但是現在她一直苦苦尋找的門，終於顯現了。她已經見到了內疚，和她交談，了解她的感受，接納了她，這些都是愛的表現。也就是說，她已經有能力愛自己的內在小孩了。想到這裡，她忍不住含淚而笑。看看其他的成員，他們依然沉浸在自己的故事中，時而歡喜，時而悲傷。各種情節、各色故事，如播放電影一般在這個斗室內流轉。

在活動即將結束的時候，莊令揚讓每一個人握著自己的石頭，放在心臟的位置。

陳逸藝握著自己的石頭，緊緊地摀在胸口，她感覺自己胸腔內的溫熱，正一點一滴地往石頭的方向傳遞。她覺得石頭在她的手心逐漸變得溫暖起來，她看到那個原本蜷縮在角落的小女孩站了起來，在空無一人的房間裡翩翩起舞。舞跳完之後，那孩子靜靜地站在原地，看著她，她也看著她，輕聲地對她說：「小藝，我愛你。」

透過今晚的活動，陳逸藝終於知道該怎麼愛自己了。她想，現在自己在明知道和那個人不會有結果的情況下依然不願意放開手，應該是因為內心的小孩子還沒有獲得足夠的愛的緣故。的確，在那個人的身上，她一直感到一種寬宏的包容和接納，無論她過去怎麼胡鬧、怎麼歇斯底里，他都

好言好語相對，並對她表示理解和支持，而這個正是她一直渴望得到的。有時候她甚至會覺得，他就是上天派來拯救她的人，如果不是他的出現，現在自己也不知道成什麼樣子了。那麼，這種情感究竟是依賴還是愛情呢？她已經分不清了。

三兄弟見尼采

　　週末，陳逸藝去逛街，坐在街邊的長椅上休息的時候，看到一個小女孩在鬧著要吃冰淇淋。只見她扭動著自己小小的身體，大聲地說：「我不管，我不管，我就要吃冰淇淋，我就要吃冰淇淋，不給我吃我就哭。」說完之後，真的放聲大哭起來。

　　小女孩的身邊還有兩個大人，一個看來像媽媽，一個看起來像外婆。只見媽媽蹲下身子，抱著她說：「青青乖，你發燒剛好，不能吃冰淇淋，等你不發燒了，媽媽買冰淇淋給你好不好？」

　　小女孩說：「我不管，我現在就要吃。」

　　媽媽說：「要是吃了冰淇淋又發燒，那醫生伯伯又要在你的小屁股上打針嘍。」但這樣的話並沒有產生什麼效果，反而讓小女孩哭得變本加厲了。

　　外婆顯然是心情不好，見到這樣，氣不打一處來，掄起手臂就在小女孩的屁股上扇了兩下，嘴上還不停地說：「叫你不聽話，叫你不聽話！上次就是叫你不要玩水，結果不聽，把身體弄溼了還發高燒，這次還敢這麼任性！」

第二編　我是誰

　　媽媽一見，心痛得一把抓住她的手，把孩子抱在懷裡，說：「媽，她還小，你跟她好好說不就行了嘛，幹嘛要打她啊？」

　　外婆說：「不聽話就要打，不接受懲罰哪會學乖？你們小時候還不是這樣。」

　　媽媽說：「現在已經不比以前啦。真是的，時代已經變了，你的觀念也不改變一下。」

　　陳逸藝看著這三代人，不由得想到了自己的媽媽和孩子。顯然這個世界上，每一個家庭所經歷的事情都有相似之處。

　　買完東西，回到母親的家裡。母親告訴她，父親帶著曉媛去了遊樂場，要到吃午飯的時候才能回來。她在屋子裡轉了一圈之後，見沒有什麼要做的，於是拿了新買的書坐在陽臺的椅子上看。

　　參加了俱樂部之後，認識了不少從事心理學教育的人，比如美心和蕙蘭。她們向她推薦了一些心理學的著作，閒聊的時候，也跟她說說佛洛伊德、榮格（Carl Gustav Jung）和阿德勒（Alfred Adler）。這些人的名字在卡倫‧霍妮的書上曾經出現過，不過陳逸藝對他們還十分陌生。

　　蕙蘭說：「如果你想要了解自我，你可以看看佛洛伊德的書，他的本我、自我、超我這三個概念非常出名。」

　　陳逸藝因此購買了佛洛伊德的《自我與本我》（*The Ego and the Id*），希望對自己目前的自我探索有更大的幫助。從書中她了解到以下資訊：

　　本我即原我，是指原始的自己，包含生存所需的基本慾望、衝動和生命力。本我是一切心理能量之源，本我按快樂原則行事，它不理會社會道德、外在的行為規範，它唯一的要求是獲得快樂，避免痛苦，本我的目標乃是求得個體的舒適、生存及繁殖，它是無意識的，不被個體所覺察。

自我是在個體成長過程中從本我分化出來的。當本我的要求與現實相牴觸而不能得到滿足時，便產生了自我。自我本身沒有能量，它的動力來自本我。自我的職責是在本我與外部現實之間進行調節，對本我的要求進行修改，使之在一定條件下有可能得到滿足。所以自我受「現實原則」的支配。自我處於本我和超我之間，代表理性和機智，具有防衛和仲介職能，它按照現實原則來行事，充當仲裁者，監督本我的動靜，給予適當滿足。

超我是人格的道德部分，它代表的是理想而不是現實，要求的是完美而不是實際或快樂。超我是由自我中的一部分發展而來的，它由兩部分組成：自我典範和良心。自我典範相當於幼兒觀念中父母認為在道德方面是好的東西，良心則是父母觀念中的壞的東西。自我和良心是同一道德觀念的兩個方面。

當了解到這些概念之後，她不由得聯想到回家之前看到的那個片段。她覺得那個吵著要吃冰淇淋的小女孩就是本我，小女孩的媽媽就是自我，而小女孩的外婆就是超我。

小女孩的行為就像是本我一樣，是任性的，想到什麼就希望能夠被滿足。那個媽媽就像是自我，夾在本我和超我之間，希望經過自己的調解可以達到平衡。超我則是外婆，是一個嚴厲的大家長，她限制著本我的慾望，指導著自我，總是按照原則行事。

心理學的奧祕，其實就隱藏在生活之中。只是當你還不了解的時候，你發現不了罷了。這就像是某本用隱形藥水寫成的書一樣，當不具備讓它顯形的因素時，你就看不見。想到這裡，她不由得笑了起來，她覺得自己好像已經獲得了一把看清自己的鑰匙。

週三去俱樂部的時候，她和蕙蘭探討了一下這個問題。

第二編　我是誰

　　蕙蘭說：「剛好，本期的主題就和本我、自我、超我有關，如果你對這些不了解，可能會感覺課程很艱澀。而現在，你會輕鬆得多。」

　　莊令揚在活動中並沒有講述佛洛伊德的論著，他只跟成員講述了一則三兄弟的故事。

　　三兄弟在外出時發生了糾紛。原因是老三行為不檢點，在一家酒吧裡騷擾一個服務生，差點被那個服務生的男朋友打斷腿。幸好老大在場，並帶了現金，好說歹說賠了錢、道了歉才息事寧人。出了酒吧之後，老大當即訓斥老三的行為，而老三卻覺得無所謂，那樣的場合不過是逢場作戲。於是兩個人吵得不可開交，老二夾在兄長和小弟之間，哭笑不得，直呼要找一個清官來斷這樁家庭糾紛案。

　　說到這裡，莊令揚說：「我們也知道，歷史上有很多的學者、哲人，如果這樣的問題交給他們去處理，他們會怎麼判斷呢？他們會判誰對誰錯？今天，我們向這三兄弟推薦尼采 (Nietzsche)。你們根據對尼采的了解和自己對這件事情的態度寫一篇文章出來。別小看這篇文章，裡面其實包含了很多道理，和我們自身相關的道理。關於這個，文章寫出來之後再揭曉。寫的時候，最好由三個人組成一個小組，每個人選一個角色，更有利於大家探索自我。」

　　陳逸藝和美心、蕙蘭組成了一個小組，她選擇當老二，美心選擇當老大，蕙蘭選擇當老三。三個人合作，嘻嘻哈哈地寫了一篇小文章「三兄弟見尼采」。

　　話說三兄弟在爭吵中找不到任何讓他們各自都覺得滿意的答案，因此他們決定去找尼采幫他們論斷。

　　經過長途跋涉之後，他們來到尼采的面前。

三兄弟見尼采

老二對尼采說了事情的大致經過，然後對尼采說：「大師啊，我現在因為夾在老大和老三中間，每天聽他們不斷爭吵，覺得快要崩潰了，痛苦得恨不得用自殺來解脫。」

尼采問：「你覺得你這樣痛苦有價值嗎？」

老三聽了老二的說辭之後忍不住插了一句：「你有什麼好痛苦的？如果不是老大囉囉唆唆，總是像管家婆一樣，我會和他吵嗎？」

老大一聽怒不可遏，大聲說：「你這個不知好歹的東西，要是我不管你，你早被人打死了。」

老三說：「我就是喜歡摸漂亮女人的屁股，這是我的自由，被別人打死也是我的事情，你管得著嗎？」

尼采對老三說：「你可以有自由。只要你願意拋開兄弟的情誼，脫離這個家庭，這樣你就不再受老大管制，你就得到你想要的自由了。」

老大到這時候忍不住了，也說了一句：「什麼是自由？難道自由就是簡單的為所欲為嗎？那和畜生有什麼分別？我覺得一個人的自由必須以不損害他人的利益為前提，自由必須要由紀律還有道德來約束。我們為什麼比動物高等？就因為我們有道德。」

尼采說：「所謂的社會道德規範都是不良的，它只會給人帶來痛苦。你們可以看到世上有很多這樣的事實，一部分不受道德規範約束的人，反而為這個社會做出巨大的貢獻；而大部分墨守成規的人，終生碌碌無為。話既如此，你們兄弟還會堅持道德就是唯一正確的嗎？」

老大不屑地說：「這些都是一些極端的例子，不能代表全部，並且我一直在努力尋找一種平衡的方法。」

尼采說：「你要知道這並不是一個公平完美的社會。」

第二編　我是誰

老大說：「所以我才痛苦，才要來找你。」

老二在這個時候又開始說話了：「我根本不想談什麼自由和社會道德，我只想過平靜舒適的日子，不要每天都吵吵鬧鬧不得安寧。」

尼采說：「你這樣煩心是為了什麼？你是為了讓你自己得到安寧還是為了讓這個家庭得到安寧？」

老二說：「我想我應該是希望這個家得到安寧吧，畢竟這是一個家，我不希望最後因為兄弟不和搞到破裂。」

尼采說：「你要知道，現在你的大哥和三弟就像是水和火一樣。水火是永不相容的，如果老大是水，老三是火，你偏向老大，老三的生命之火就會被水潑熄；如果你偏向老三，老大的水就會被火的熱力蒸發昇華，進入自由境界。」

老二說：「所以我更希望自己可以做一個容器，把水裝起來，而火透過我與水和平相處。」

尼采說：「偽善的人啊，你是多麼的世俗狡猾！你想要控制這兩個人為你自己裝飾門面，好讓你自己看起來很完美。但是你想你的大哥和三弟是可以輕易受你控制的嗎？」

老二說：「我知道這不容易，這也是我們來找你的原因，但是到現在為止，你除了批判我們每個人，最終也沒有給出什麼好的結論，我看我們是找錯人了。」

尼采說：「那你們滾回去找其他的哲學家吧，我可以告訴你們，你們如果甘於在別人設定的社會道德控制下生活，你們就會痛苦一輩子，你們這輩子都會無所作為，必定會成為一個碌碌無為的庸人。現在，你們滾吧……」

於是三兄弟失望而去……

各自分享自己小組的文章之後,莊令揚說:「到了現在,我們都應該知道,這三兄弟代表著什麼了。是的,這三兄弟正是代表我們內心中的自我、本我、超我。要想達到內心的平衡,必須要這三個『我』和睦相處。但是他們是很難和睦的,彼此之間總會起衝突。而三者吵架的時候,正是我們內心覺得痛苦的時候。有人有時會懷疑,『這一個我,究竟是不是我?我為什麼會變成那樣,有那種不該有的想法?』或者內心很矛盾,『這件事可不可以去做?』內心有時候會因為慾望和道德的衝突而痛苦不堪,有時候會因為自己某個突如其來的醜惡念頭而惶恐,這正是內心的三個『我』在交戰。」

陳逸藝在這個過程中收穫良多,她對自己內心的衝突有了更深層的了解。她知道每個人在擔任角色的時候其實都曾把自己內心的價值觀投射出來,她也不例外。

她這次擔任自我的角色,這種處於兩難選擇中的感覺在生活中也經常出現。就比如現在,要不要繼續保持自己的那段感情,就是一個兩難的選擇。如果繼續和他交往,她就是一個可恥的第三者。雖然目前他們都很小心,還沒有被人發覺他們的關係,但是她相信紙包不住火,終有一天他們的事情會敗露。那個時候如果弄得盡人皆知,小孩怎麼辦呢?父母怎麼辦呢?他們對自己的失望難道還不夠多嗎?但是,如果這個時候放棄他,她又會覺得很不捨得。他是最了解自己的人,她喜歡他,她也知道他對自己的感情是真實的,只是兩個人目前來說沒有生活在一起的條件。如果兩個人都是單身,他們以後的生活會很幸福,特別是當她已經開始改善自我的時候。可是自己也知道這不過是自己的願望罷了。他並沒有離婚的打算,因為他的妻子是一個賢惠的女人,雖然他們彼此之間沒有什麼共同話題,

第二編　我是誰

但是她對這個家庭付出了青春和愛。陳逸藝也不想逼他離婚，因為自己內心始終還是接受不了做一個第三者，如果逼他離婚，那麼和自己以往所認定的狐狸精有什麼分別呢？總之，這件事情遲早是得做出決定的，也許自己現在還不能夠下決定，是因為超我力量還不強。等到有一天超我的力量夠強大了，事情就可以得到解決了。問題是，什麼時候自己的超我才會足夠強大呢？在自己寫的故事當中也可以看出，要平衡三者的關係並不那麼容易，最起碼，哲學家並沒有造成什麼作用。但是也許是因為那個哲學家有偏袒的現象，也就是說，對待三者都要盡量做到公平，可是這談何容易？

想到這裡，她不由得暗自嘆了一口氣。

三兄弟見孔子

三兄弟見過尼采之後，因為沒有得到想要的答案，各自悶悶不樂。

他們一路往回走，來到一個叫秦莊的小鄉村的時候，一個身段窈窕的女人從他們的對面走過。

老三一見，一掃剛才的鬱悶，加快腳步趕上前去，越過那個女子，並頻頻地回頭對她張望。

那女子見狀，以為遇到登徒子，嚇得快步跑了起來，很快就跑進村子裡面了。老三一邊說「真是一個絕色美女啊」，一邊還向女子跑去的方向不停張望。

三兄弟見孔子

老大這時候趕到他的身邊，看著他冷冷地說：「真是狗改不了吃屎。」

老三一聽就急了：「你說什麼？不要忘記我是你兄弟，如果我是狗，你是什麼？」

老大說：「我沒有你這種道德敗壞的兄弟。」

老三說：「我還不希望有你這種道貌岸然的大哥呢，明明自己見到美貌的女子也會動心，還在虛偽地說什麼非禮勿視，非禮勿聽，非禮勿言，非禮勿動，你連自己的真性情都不敢表達，你有什麼了不起的？」

老大說：「我是有真性情，但是我也知道我生活在這個社會，要遵守這個社會的道德倫理，可不像你，表現得那麼像動物。」

老三說：「我是動物怎麼了？起碼我覺得開心，不像你，偽君子！」

這時候老二一邊拉著一個說：「好了，你們都不要吵了。你們都對，你們都有理，得了吧。」

老大和老三異口同聲地說：「這是你說的，不是他說的，他一定要向我道歉我才消氣。」

老二的頭霎時之間又覺得大了一倍，他頓足捶胸道：「天啊，為什麼我們三兄弟就是沒有辦法好好地相處呢？難道就真的沒有人能告訴我這是為什麼？」

這時候，村道邊剛好有一個老者經過，聽到老二的哭喊，就對他們說：「你們三兄弟不和睦，我看只有孔聖人可以幫你們出出主意。他老人家昨天剛剛經過秦莊，現在往鄭家坳那邊去了，你們不如去找他吧。」

老二一聽有理，於是謝過老者，打算往鄭家坳去見孔子。

老三說：「為什麼要去見孔子？我看那些所謂的學者、聖人也不過是

第二編　我是誰

徒有虛名的傢伙，根本就不可能解決我們的問題。」

老二說：「你不去看看，怎麼就知道他不能幫我們解決問題？」

老三說：「我們不是已經找過尼采了嗎？結果怎麼樣！」

老二發火了：「你到底去還是不去！你真的希望我們三兄弟一直這樣吵鬧，然後搞到家庭分裂嗎！」

老三見到平素溫和的老二都發火了，於是嘟嘟囔囔地說：「去就去，你發這麼大火幹嘛！」

走了兩步之後，他又幸災樂禍地加了一句：「不過我看我們這次又是在浪費時間。」

老大和老二不由得停了下來，各自瞪了他一眼，他總算是噤聲不語了。

他們趕到鄭家坳之後，向人打聽到孔子落腳的地方，卻是一間廢置的廟宇。

他們去到那個廟宇之後，孔子正被他的學生圍著，在向他們講著什麼。

三兄弟見到此景，也不敢隨便上去打擾，於是就靜候在一邊。

孔子的一位學生見到他們之後，問清來意，把他們帶到孔子的面前。

老大把事情的原委告訴孔子之後說：「聖人啊，您給我評評理吧。老三這樣的行為，難道不是於禮不合，不成體統嗎？我記得您老人家說過『不能正其身，如正人何』，我一直都是按照您的言論來約束自己，提高自身修養的。」

孔子聽後，點點頭，表示贊同。

老三說：「我們只是普通人，既不是當朝大臣，也不是一國之君，根本無須這樣做。再說告子也曾說『食色性也』，這就說明我這樣做其實也

是人之常情吧。」

孔子說：「是的，我一向主張『和為貴』，也說過『孝悌』，你怎麼不去遵從呢？你大哥覺得你的言行欠妥，於是提出建議望你糾正，你卻不從，並惡言相向。須知『出則事公卿，入則事父兄』。你接受你兄長的良言，是對他最基本的尊重，難道連這些你都不懂嗎？」

老三說：「他是我大哥，他當然可以教訓我。但是你們想過沒有，我是一個獨立的個體，我也有我自己的思想，如果我一味順從他，做他期望看到的那個老三，那不等於是扼殺了我本來的真性情，這樣我和行屍走肉有什麼分別？而且你們這樣做不也等於是一種暴虐嗎？虧你還在這裡滿口仁義道德，簡直是放狗屁！」

孔子的門人見到老三居然敢對自己的老師如此不敬，不由得都對他怒目相向，有幾個甚至已經蠢蠢欲動，想要教訓他一番了。

老大這時候也喝斥老三：「夠了！你這畜生，你怎麼敢對聖人如此不敬！」

說完就踢了老三的膝蓋一下，老三一個不提防，直直地對著孔子跪了下來。

老三這一下痛得齜牙咧嘴的，他大聲嚷嚷著說：「難道我說得不對嗎？你們都是一些假道學、偽君子。」

孔子搖搖頭，說：「朽木不可雕也，孺子不可教也。」

然後他轉身對著老大說：「你們的家事，我看我是無能為力了，你們還是去找其他人幫你們解決問題吧。」

老二見到兩個最有學問的人都解決不了自己兄弟之間的糾紛，不禁悲從中來，撲在地上放聲大哭。

第二編　我是誰

　　這時，孔子派了一個門人把他們請出破廟，並把廟門關上，讓他們自己獨自傷心去了……

　　這是陳逸藝在這次活動中寫下的故事。自從上次讀心術俱樂部的活動結束之後，她在這段時間更多的是思考內心的自我、本我和超我的問題。長期以來在自己內心深處的不是很清晰的衝突也逐漸變得清晰起來。

　　莊令揚把了解自我、本我、超我分成三個階段進行，主要是闡述道德文化對人的心理的影響，也可以說是我們生長的這個社會中的文化對我們價值觀形成的影響。而無論是尋找尼采，還是尋找孔子，都是一個釐清價值觀的過程，尤其是現代人，生活在多元的時代，每個人都有不同的價值觀，這就是容易造成衝突的原因。

　　昨晚，她留在父母家裡。吃完晚飯之後，她在一旁監督女兒做功課。女兒做完功課去洗澡的時候，她見母親一個人在客廳看電視，於是就走過去陪她。

　　當時播的是一部偶像劇，她對這一類的電視劇一向沒有什麼興趣，坐在這裡純粹是為了陪伴母親。

　　最近，她對於自己這幾年極少陪伴父母和孩子感到內疚，只要一有時間就會往家裡跑。雖然彼此在觀念上，還是難免存在衝突，不過她已經慢慢地學會了接納。她知道，父母活了幾十年，他們的價值觀已經根深蒂固無法改變，想要彼此和睦地相處，唯有自己去接納。

　　看電視的時候，她有一搭沒一搭地和母親討論著劇情。劇中的男主角因為和女主角相戀遭到父母親的強烈反對，結果他為了捍衛自己的愛情離家出走。男主角的母親因此被氣得病倒了，父親也氣得要跟他斷絕父子關係。

陳母看到這裡的時候說：「真是不肖子孫，動不動就離家出走，白養他了。」

陳逸藝看看母親，只見她一臉的不屑。

的確，站在父母親的立場來看，這個兒子是很不聽話的。這是她自己價值觀的投射，恐怕也是很多父母價值觀的展現。多數父母會認為將子女養育成人之後，子女有回報父母的義務。這本來也是天經地義的事情，但問題是父母只接受他們希望得到的回報。假如子女不能遵從這一點，那麼就認為不是回報。

而她則會覺得那個男主角值得同情，他為了對抗家人的安排，為了避免成為家族中一個任人擺布的棋子，為了脫離一場因為利益結合、沒有感情的婚姻，才會選擇離家出走。他這樣做，是遵從了自己的本心。

於是，兩種不同的價值取向就成了人際衝突的根源。透過這個故事，也可以看出人的道德觀念和內心本能的衝突。社會中有需要遵守的規則，這就是道德。一個不遵守道德規範的人，將不能被這個社會認同。但是，人身為一種生物，也有生物獨特的本能。如果這些本能被過分地壓抑，自己不能認同自己，那結果也是極具破壞性的。

就如過去的自己，小時候因為要得到父母的認同，所以做了一個凡事千依百順的乖孩子。自己其實內心並不是真正地認同他們的做法，但因為年幼，所以縱然內心並不認同，卻也不敢發出自己的聲音。

到了成年後，她內心積聚的憤怒開始逐漸釋放，本能開始反抗。因此，她做了很多父母親不會認同的行為，比如多次離婚。當然這和自己不懂得經營親密關係有關，但是這同時也表明，她用一種極端的方法來處理和父母之間的關係。這就代表如果一個人想要得到和諧的生活、想要快

第二編　我是誰

樂,那麼他除了要得到自己的認同,還需要獲得社會的認同。這也就是說,每個人都要學會尋找本能和規則之間的平衡點。只有找到了平衡點,才會覺得生活幸福。

而這幾次活動等於是一個尋找關鍵點的過程,透過從不同的角度去見證自己內心的真實想法,達到對自己的內心需求更加了解,同時也認清自己所處的環境,並在兩者之間做出適當的調整。最近,自己在接受心理治療之後,有了很大的改變,開始關注父母和孩子。父母親也因此改變了對她的態度,他們開始放開懷抱,接納在她身上發生的一切了。

想到這裡,她回頭看看正在電視機前看得津津有味的母親和剛剛從浴室裡走出來的女兒,覺得自己的內心正被一種綿綿的幸福包裹著。也許,幸福本來就一直在自己的身邊,只不過她過去一直沒有發覺,所以才會到處尋找感情的依靠,讓自己的感情生活變得錯綜複雜,卻依然得不到內心想要的安寧。現在,當自己願意靜下心來體會的時候,才突然發現,其實幸福離自己並不遙遠,它一直就在生活中。並且她相信,它還會繼續存在。

三兄弟見佛洛伊德

一雨成秋,下過一場大雨之後,天氣終於涼了下來,陳逸藝看著街上的行人和自己一樣,也開始穿上了外套。

陳逸藝來的時候正在下雨,下了車之後,鞋子踩在街上的積水中,一下子溼透了。來到俱樂部,櫃檯接待人員看到她的狼狽,馬上找了一雙乾淨的拖鞋給她換上。換好鞋子之後,她悄悄開啟課室的門,只見先來的

成員彼此暢談著,這裡的歡笑和外面的天氣形成強烈的對比,讓人覺得溫暖。

按照活動的安排,今晚要進行的內容是三兄弟故事治療系列的「三兄弟見佛洛伊德」。

莊令揚坐到自己的位置後,問:「派給大家的作業都完成了吧?」眾人點頭。

莊令揚說:「那麼,各位回去看了佛洛伊德的相關文章之後,對精神分析的某些概念應該已經了解。對我們三兄弟的來源,應該很清楚了吧?」

蕙蘭說:「我們早就摸清這三個傢伙的底細啦。」眾人聽了之後,鬨笑起來。

莊令揚說:「那就太好了,只有知己知彼,才能百戰百勝嘛。的確,凡是對心理學有所了解的人不可能不知道佛洛伊德和精神分析。除了心理學領域,他的潛意識理論甚至已經深遠地影響到了我們文化的各個領域,比如藝術、文學、影視,包括我們的日常生活。在現代的心理治療領域,大部分的流派和方法裡面都有精神分析的影子。換句話說,佛洛伊德和他的精神分析奠定了現代心理學和心理治療的基石。說到這裡我想問問,這幾個星期以來,各位對佛洛伊德理論的理解,誰願意跟大家分享一下?」

陳逸藝說:「我過去的幾個星期一直在讀他的相關文章,並且做了筆記,趁這個機會,我來和大家分享一下。」

說完之後,她掏出自己的筆記本,說:「佛洛伊德認為,不同的意識層次包括意識、前意識和潛意識三個層次,好像深淺不同的地殼層次,故稱之為精神層次。」

第二編　我是誰

　　「要想理解這種劃分，需要先理解佛洛伊德提出的三種人格結構——本我、自我、超我。本我對應著快樂原則，有人把它比喻成豬八戒，因為他就是遵循快樂原則的。他喜歡高老莊的小姐，他就去追，不管自己是不是變成了和尚。」

　　當她把比喻說出來的時候，眾人都笑了起來。她等眾人笑完之後，又繼續說：「自我對應著現實原則，有人把它比喻為孫悟空，他總是時刻保持著清醒的頭腦，除妖降魔，不讓自己出什麼差錯；而超我對應了道德原則，有人把他比喻成唐僧，他總是告訴你這個不能做，那個不能做，完全壓制了本能的願望。」

　　眾人聽到這裡，都頻頻點頭，陳逸藝看到大家都聽得津津有味，講得更加開心了：「一個人一出生是不具備任何道德觀念的，小孩子只按照快樂原則行事，他想吃就吃，想睡就睡，餓了就要東西吃，感覺不爽就哭，這就是本我。隨著小孩子的長大，父母開始對他進行教育和約束，父母會告訴他什麼是可以做的，什麼是不可以做的，違反了這些要求就會遭到懲罰。為了避免遭到懲罰，他學會了守規矩，這就是自我約束。長大之後進入社會，學會了遵守社會上的道德和規則，並時刻提醒自己做一個好公民，避免觸犯法律，這種自我控制的力量就是超我。而意識、前意識、潛意識的概念可以用一個冰山的結構來描述。」

　　陳逸藝說到這裡，站起身來走到房間另一邊，在黑板上畫了一座冰山，然後說：「你們看，露出水面的，就是我們的意識，在水面底下和意識相連的部分，就是我們的前意識，最底層看不見的，則是我們的潛意識。潛意識對應本我，前意識對應自我，意識對應超我。好了，今天我就分享到這裡，謝謝各位的聆聽。」

三兄弟見佛洛伊德

她的話音剛落，眾人都報以熱烈的掌聲。

莊令揚聽完她的講述之後，臉上露出燦爛的笑容，說：「逸藝這次可是做足功夫了，很有做心理治療師的潛質，對理論理解得很完整。接下來，我們還是按照以前的方式來進行。每三個人分成一組去找佛洛伊德談話，看看這一次他能不能解決他們三兄弟之間的衝突。」

陳逸藝依然和美心、蕙蘭組成一個小組。蕙蘭看著她們兩個，笑著說：「這下，我們成了俱樂部的鐵三角了。加油啊，姐妹們。」

看著她燦爛的笑臉，陳逸藝和美心忍不住過去和她緊緊地抱在一起。陳逸藝覺得，也只有在這裡，她才能毫無戒心地和別人擁抱，同期的學員給她帶來安全舒適的感覺。

過了一會兒，蕙蘭鬆開她的手，擦擦因為感動流出的淚水，說：「好啦，好啦，我們完成作業再抱吧。」

故事依然是在分角色討論之後才整理出來。她們將討論的結果整理成文字之後，莊令揚覺得很有代表性，於是把這個故事給所有成員傳閱。

在三兄弟見完孔子後，老三心裡很不舒服，垂頭喪氣的。

老大得意地說：「連孔子都這麼說，你還有什麼話說？」

老三立即反駁說：「他根本就是一個偽君子，什麼聖人啊，我不服！」

老二深深地嘆了口氣，說：「我們都找了兩個人了，還是解決不了我們的問題，唉！」

老三建議說：「我知道在遙遠的西方有一個智者叫佛洛伊德，不如我們去找他吧，他應該能幫我們解決問題。」

老二說：「也只能這樣了！」

第二編　我是誰

　　三兄弟坐飛機到了奧地利，經歷千辛萬苦終於找到了佛洛伊德。佛洛伊德正在看書。

　　老三說：「佛洛伊德，我想讓你評評理，這麼多年老大總是不讓我做這個做那個的。」

　　老大說：「不這樣的話，你會把我們的生活弄得一團糟的。」

　　佛洛伊德說：「老二，你病了嗎？」

　　老二說：「我怎麼能不病呢？這麼多年來，他們一直這樣吵吵鬧鬧。」

　　老三說：「你比較好，病了就一了百了，我還在被老大壓抑著、痛苦著呢！」

　　老大說：「你不要信口胡說，我什麼時候壓抑過你啊？」

　　老二說：「其實，我在中間來來回回的很辛苦，我還要維護三人的關係也很痛苦。」

　　老三說：「你再痛苦，也沒我痛苦啊，你們還能按照自己的意願來行事，我一直都被壓抑，沒有自由。」

　　佛洛伊德問老三：「你最想做什麼？」

　　老三說：「我只是想讓大家都過得開心，讓激情得到最大的發揮，沒有煩惱。」

　　老大說：「你只想著開心快樂而不顧及社會道德規範，這樣是不行的，人和動物是有區別的。」

　　老二也說：「每個人都有追求快樂的權利，但每個人也都有不剝奪別人快樂的義務，每個人的快樂都是建立在不違背社會公德和不傷害其他人的快樂基礎上的。」

老三聽得頭都大了，說：「你們不要老是給我講這個，好煩啊！」

佛洛伊德問老三：「你認為的快樂應該是怎麼樣的呢？應該怎麼追求呢？」

老三說：「快樂就是一種『好的』感覺，但如果要顧及這麼多的規範和條條框框，那麼還有什麼快樂可言呢？一點自由也沒有。」

佛洛伊德又轉頭問老大：「你覺得自由是什麼呢？」

老大說：「自由也是要受到限制的，沒有限制的自由是可怕的，它會傷害很多『別人』，那也就沒有什麼快樂可言了。」

老三說：「我才不考慮什麼『別人』呢，我被你一直壓抑著、管著，你剝奪我的快樂，你熄滅我的激情，你這樣做都是為什麼啊？我不明白！」

老二說：「老大管著你，也是要你遵守社會規範，這樣我們才能在社會上立足啊。」

老大說：「是啊，當年爸爸媽媽也都是這樣教我的啊，我也就這樣要求你們了。」

佛洛伊德說：「老大的這些規範都是父母和社會灌輸的，其實他也沒有自己的意識，你們怎麼看？」

老三說：「我只感覺到被老大管得很嚴，很委屈，沒有自由。」

老二說：「唉！其實我們過的都是一樣的生活，誰都不比誰好。」

佛洛伊德說：「你們找到了共同點，是老大的方式不合適，對此，老大有什麼想法呢？」

老大說：「我就是不知道用什麼方式，如果知道就不會這樣了。」

老三說：「其實我們也能體諒他，但我還是感覺不舒服。」

第二編　我是誰

老大說:「怎麼可能一直感到舒服呢?還要想到舒服的代價和後果。」

老三說:「我從沒想這麼多,那多沒意思啊。」

老大說:「所以我幫你想啊。」

老三說:「你的幫助我接受不了,你換種方式吧。」

老大說:「你想要什麼方式呢?」

老三說:「那就是不管我,讓我自由。」

佛洛伊德說:「你們兄弟還是有感情的,要透過協商,找到一種妥善的相處方式。」

老三說:「我們就是不知道用一種什麼方式啊。」

佛洛伊德問老三:「那你看到女人的時候想的是什麼啊?」

老三說:「蘋果!」

老大說:「那乾脆給你一個蘋果就好。」

老三說:「我看到女人能想到蘋果,但我看到蘋果不能想到女人啊。」

老二說:「你怎麼又扯到女人了啊?」

老大也說:「真丟人啊,老三!」說完,他頭也不回地走了。

老二說:「你這樣也太讓人失望了,對得起家人嗎?唉!老三,讓我怎麼說你呢?」然後,老二也走了。

老三不以為意,笑著對佛洛伊德說:「大師,你人真不錯,我贏了,我感覺更有力量了,你也讓我意識到性是第一生產力。」

佛洛伊德說:「理論是正確的,但是你的做法欠考慮啊。」

老三驚詫且憤怒地說:「你這是什麼意思啊!」說完也掉頭走了。

三兄弟見佛洛伊德

佛洛伊德搖頭嘆息,他清楚地知道他們三兄弟回去後,還是有矛盾的。

當故事講完,重新回到她們小組的時候,莊令揚說:「看了逸藝她們那個小組的文章,我覺得有一句是寫得非常到位的,那就是佛洛伊德知道他們回去之後還是會有矛盾的。事實上,一個人的內心有矛盾並不可怕,關鍵是看矛盾能不能被自己覺察。如果一個人能夠覺察到自己內心的衝突,那麼矛盾就不會那麼可怕了。所以,真正可怕的不是內心有矛盾,而是我們不了解內心的矛盾。到今天為止,雖然三兄弟見了尼采、孔子、佛洛伊德幾位聖賢,表面上看來,他們之間的衝突並沒有真正得到解決,但實際上就是在這個過程中,我們更加了解了什麼是內心衝突,以及它們之間的關係。這個過程,對於我們往後協調三個『我』之間的關係將會有很大的幫助。希望各位回去之後,按照這樣的方式繼續進行自我探索,我相信不久之後,每個人都會大有收穫的。」

陳逸藝將自己在俱樂部收穫的感悟分享給何敏華和林鳳,她們開玩笑說陳逸藝也可以去當心理輔導老師了。雖然說者無心,但是聽者有意。陳逸藝心想,成為一個心理輔導老師未必是一件壞事,一來可以更多地了解自己,二來可以成為一個助人者,讓自己的個人價值得到更多的展現,也是一件很有意義的事情。但是,想到自己目前糾結的狀態,不由得又有些退縮,心想自己身上的問題都沒有得到很好的解決,怎麼能夠做好一個輔導老師呢?看起來,這件事情還得等到治療完畢之後才能考慮了。

第二編　我是誰

接納的三個層次

陳逸藝來到俱樂部之後，看到巧巧一個人坐在房間看《心理月刊》，於是和她打了個招呼，在她的身邊坐了下來。

巧巧說：「逸藝，你來得正好，我正有些事情想要請教你。」

陳逸藝說：「怎麼說請教那麼客氣，應該是互相探討才對。」

巧巧說：「我覺得你是我們這一群人中最有悟性的了，老師說什麼你都可以很快吸收。」

陳逸藝說：「也許是因為我早期接受過李老師的治療，在治療的過程中，他讓我學會了體察自己。」

巧巧說：「原來是這樣啊，真了不起啊。對了，我想和你探討的問題是和接納有關的。」

陳逸藝點點頭，讓她繼續這個話題。

巧巧說：「在這段時間裡面，我覺得對自己的內在自我認知程度提高了，但還是有些不清楚的地方。我發現，即使了解自己再多，知道自己內心衝突的原因，卻依然沒有辦法讓自己的內心達到很和諧的狀態。有什麼方法可以做到在了解衝突的原因之後能管理好自己的情緒呢？上一次我聽老師提到從了解，到理解，再到接納的觀點，當時我覺得很容易做到，現在才發覺並不那麼容易啊。對於這個觀點，你有什麼看法呢？」

自從走進心理學之後，在治療和自我成長的過程中，陳逸藝找到的答案都是為自己的問題尋求的，還沒有真正地去幫助別人尋求過答案。於是，她想了一下，然後結合自己的實際情況說出了自己的觀點。

她說:「巧巧,我理解的接納自己是這樣的,我認為接納自己分幾個不同的層次。我以前認為接納自己的長相、接納自己的行為就是自我接納,但後來發現這是一種比較狹隘的自我接納。當我發現這個問題之後,我很著急,我學了那麼久,又接受過治療,為什麼問題依然存在?於是開始懷疑我自己的領悟和努力。然後,李老師告訴我,完善自我的過程,相當於創作的過程。比如製作一個陶器,一定要經過選土、成型、上釉、燒成這4道程序才能完成,每個過程都有講究,只有完全按照製作的要求,才能做出一個上好的陶器。也就是說,如果你還處於粗坯的階段,你就要接受自己是一個粗坯,而且堅信,假以時日自己會變成一個完成品。只有接受,內心才不會因為自己還沒有變成完成品而覺得煎熬。而你現在應該就是處於我當時的狀態,還沒有完全接受自己目前的狀態。其實,目前你就像是一個處在蛹中的毛毛蟲一樣,只要時間到了,你必然會破繭而出,化作蝴蝶。」

巧巧說:「謝謝你,聽到你這麼說,我覺得舒服多了。」

此時,活動的時間已經接近,各位成員也陸續到齊了。莊令揚在活動開始的時候說:「經過這段時間的學習,今晚我們來盤點一下大家的收穫。誰願意先來談談自己對自我成長的感想?」

巧巧說:「我剛才還在和逸藝討論自我接納的問題,我覺得自己還沒有很好地做到自我接納。同時,自我不接納的狀態讓我很受困擾。」

蕙蘭聽完她的話之後,說道:「關於自我接納的問題,我想談一談自己的成長感受。過去我以為自我接納就是接納自己,但後來我發現,單單接納我自己還是不夠的。在接納自己的同時,我們還要接納和自己相關的人,比如說自己的父母親。我以前不能接納自己的父母親,因為他們過去

第二編　我是誰

對我所做的事情在我內心的影響還沒消除。這幾年我一直在進行心靈的探索，希望可以消除內心的痛苦，但是我卻發現，無論我怎麼接納自己，都還沒有根本地解決問題，父母親始終是我的刺痛。」

「一次無意的冥想中，我突然想到父母其實也是我個人的一部分。他們自從我出生之後就一直伴隨我成長，不管他們曾經做過什麼，是對還是錯，已經成了一個既定的事實，不能做任何改變了。那些事件已經成為我生命中的一個部分，如果我不接受他們，不就等於還沒有完全接納自己嗎？想到這個問題之後，我開始試著去接納他們，經過努力，我和父母的關係逐漸變得和諧，我自己的內心也變得和諧了。於是我更加堅定地相信，自我並不等於自己，自我其實包含了很多，所有和他人一起互動的過程都是自我的一部分。」

莊令揚聽到蕙蘭的分享之後，露出欣慰的笑容，他發現，成員在這段時間的確是成長了，現在更是可以從哲學的角度去看待問題了。

莊令揚說道：「有些成員在講述自己的故事時，會帶上一句，這些事情現在已經不影響我了。但是，如果它真的不影響你，你還會一再地提起嗎？其實它並不是不影響你，只是正面影響還是負面影響的問題。不要期望在我們身上發生過的事情會隨著時間的流逝而消失不見，如果這樣的話，我們哪還有經驗可總結呢？我們還是需要依靠過去得到的經驗讓自己生活地更好，不是嗎？」

「所以，說不影響的人，是沒有真正地接納。我們越是不接納一件事或者一個人，越會困擾自己。從這個角度去看，我們更需要學會接納。要接納有這樣的父母，接納這樣的父母組建的家庭，接納自己在這樣的家庭中成長，接納成長的過程，接納那些過程造就的你，同樣也接納今天正處

接納的三個層次

在心靈探索階段還未完成任務的你。接納是指整體接納。這是我的觀點，各位成員還有沒有其他不同的感受？」

美心這時候舉起手來，說：「我覺得，除了整體接納這個觀點之外，我所認知的接納還是分層次的。比如，有一個人做了某件我無法接受的事情，這種不接受，會直接影響到我和他的關係。我會因為不接受他做的事而變成不接受他整個人。比如我和我老闆，他做了一件事情讓我很不認同，但是如果我因此就破壞了彼此之間的關係，我肯定不好過。基於這一點，我勸自己接受他，裝作沒事一樣。但是我會發現，等到他有相同的舉動時，我那種無法接受的念頭又開始冒泡了，並且內心對他的不認同更加強烈了，比上一次更加強烈。你看，我不接納他就會影響工作關係，接納了，我自己又覺得很痛苦。後來我才發現，我所謂的接納並不是真正的接納，我只是在意識層面接納了，情感層面即潛意識層面並沒有接納。」

劉大偉說：「美心說的我很有同感。比如說我和母親，我每次和她吵架奪門而出之後我就會後悔，覺得自己不應該這樣對她，覺得她養大我並不容易，我不應該和她爭吵，也下決心回去之後一定要好好對她。可是一回到家，我們說到某些事的時候，我還是和她吵。我想，這也是因為我僅僅是在意識上接納，潛意識卻沒有接納。」

莊令揚說：「你們的觀點很不錯，的確，接納並不是單一的，也不是表面的，真正的接納是潛意識的接納。大家在討論這件事情的時候，想必已經發現了一個問題，既然自我接納是分層次的，那麼就得做到裡外統一。但是做到裡外統一卻不是一件容易的事情，對於有些人來說，接納自己都還有些困難，更別說接納他人了。面對這樣的人，心理治療師或是心靈成長導師就要盡量地引導他認知自我，然後接納自我。這裡需要注意的是，說服他接納和他自發地接納是完全不同的，說服他接納有可能是意識

第二編　我是誰

層面的接納，這種接納要做到並不困難。困難的是要讓他的潛意識也接納，這才是完整的接納。」

巧巧問：「完全接納自己是不是做什麼事情都原諒自己呢？」

莊令揚笑著說：「也不是這樣理解的，接納自我並不等於縱容自我，我們接納自己有這樣的人生經歷，但並不需要透過贊同自己的行為表現出來。因為只要是人，難免會犯錯，我們接納自己會犯錯，原諒自己，同時改正錯誤，這才是接納。」

美心問：「接納是以什麼為基礎的呢？為什麼有些人能夠做到很快可以接納自己，有些人卻不能？」

莊令揚說：「接納其實是透過理解來實現的，也就是說，理解就是接納的基礎。也只有你對那個人，或者對那件事表示真正的理解之後，才有可能從心底接納它。那麼，理解又以什麼為基礎呢？理解以了解為基礎，對事件或人有足夠的了解之後，我們的思維還要去整合你所看到的和你所感受到的現象。」

美心問：「會不會有人了解了，也理解了，卻無法接納？」

莊令揚說：「一般來說，理解是接納的開始，除非你不是真正的理解，而是一種處在意識層面的理解。也就是說只理解了事情的表面，卻沒有理解事情的實質。」

蕙蘭說：「我理解的接納過程就是砌磚頭的過程。我認為對於有些人來說，接納能力也是需要練習的。治療師可以引導他從容易接納的人或事件開始，等他享受到接納帶來的好處之後，他就會逐漸開放了。」

莊令揚說：「不錯，這個還是屬於分層次進行的範疇。好了，直到現在，我們可以把觀點總結成以下三點，第一，接納是完整接納；第二，接

納的過程是分層次進行的；第三，接納自我並不等於接納自我行為。如果我們能夠很好地理解這三點並做到的話，我們的內心就能早日達到和諧狀態。不過，從了解，到理解，再到接納，是一個漫長的過程。能否完成這個過程，要因人而異。可以這麼說，部分人經過學習和自我探索之後，是可以把全部過程完成的，並且最後能達到接納所有現象的程度，有些人只能做到接納和自己相關的部分，但是也有人可能終其一生都學不會接納。」

美心聽了之後，吐了一下舌頭，說：「第一種人，是聖人吧？」莊令揚說：「也可以這樣說。他達到的境界就是我們所說的最高境界。如果說從理解到接納需要一個轉換的過程，那麼他已經完成了這樣的過程，並且生成了自動轉換的機制。對每件事情、每個人，他都能夠做到接納。也就是說，接納已經成為他思維的一部分。打個比喻，如果有人給他一個包袱，他也能自動把它變成禮物。」眾人聽了之後，都發出一聲驚嘆。

莊令揚說：「關於包袱和禮物，我有一個夢要和大家分享一下，我覺得這個夢對我們可以有些啟發。說這個夢之前，先說說我的大概情況。以前我不是心靈成長俱樂部的導師，我是心理治療師，並且在做心理治療師的過程中，還處理過不少一對一的諮商。根據來訪者的回饋，大部分的諮商處理得很成功。我就像是一個外科醫生一樣，專門幫來訪者切除痛苦的根源。我覺得，這樣就是對來訪者最好的方式，這樣就是最大限度地幫助了來訪者。那時候我大多採用技術，我認為不管是使用催眠手段或是行為治療，只要能夠解決他的痛苦，我就是一個成功的醫生。」

「幾年前，我做了個夢，夢見我在70歲的時候去世了。那時候我已經是一個很出名的醫生，很受人尊敬，來弔唁我的人很多，站滿了整個靈堂，有我的學生，也有我曾經醫治好的來訪者和我的業界同事。我死了之

第二編　我是誰

後，收到一份叫做心靈成長大學的聘書，那個聘書是邀請我去那個學校講學，以知名心理學專家的名義。我很開心，於是開著那些活人送給我的車子，穿上他們送給我的衣服出發了。但是到了那個學校之後，才發現他們內部出現了嚴重的分歧。這個分歧是和我有關的，就是有些人認為應該聘請我，有些人卻認為不應該聘請我。於是到了最後，他們就要不要聘請我這件事情開了一個會議，我也參加了。說實在的，那時候我有一種我是被告的感覺。支持我的是我的代理律師，不支持我的則是對方律師。」莊令揚說到這裡的時候，大家都笑了起來。

他在大家笑完之後，又繼續說他的夢：「不支持的那一方說，聘書發出之後，我們經過調查，發現很多人並不贊同你的做法。有些委員認為你解決別人的痛苦的過程，是在搶奪他們的財富，也就是說，你不是一個救世主，而是一個強盜，並且你打著愛別人的口號，是一個偽善的人。我一聽呆住了，問他們這些話是從何說起？」

「於是他們告訴我，的確，在下聘書之前，我們也評估過你的實力，認為你在為人類服務的過程中累積了很多經驗，完全有資格成為這個學校的教授。但是從另一些人思考的角度來看，你幫助來訪者解決他們的痛苦的行為，等於是剝奪了他們經歷痛苦的權利。從他們的角度來看，痛苦是上天安排給當事人的，當事人如果能夠憑著自己的能力去解決痛苦，他會成為一個偉人，並且造福人類。但是去到你的治療室之後，你二話不說就依照自己的方法將它們切除了。他們因此失去了上帝的禮物，也辜負了上帝對他們的期望。所以，你的行為等同是強盜行為，你直接剝奪了他們享受禮物的過程。」

「聽到這裡，我已經完全目瞪口呆。在沒有聽到這個觀點之前，我一直對自己所做的事情沾沾自喜，覺得自己幫助了很多人，但是聽了這個觀

點之後,我開始懷疑自己過去的那些做法,究竟是不是真的幫助。之後,他們在說什麼,我已經聽不下去了,滿腦子都響著兩個字——『強盜,強盜』,然後,我一身大汗地醒了過來。」

「同學們,我做這個夢之後整整休息了一個月,沒有再接任何諮商,並且開始思考夢中那些話的含義。我想到我在從事心理諮商工作以來的七八年時間裡所做的一切,究竟是在滿足自己的心理需求,還是真的在幫助別人?結果我發現,我不過是在滿足我自己的心理需求,因為我透過那樣的行為,切除別人的痛苦,讓他感覺舒服,別人會感激我,我因此獲得了巨大的滿足感,並增強了我原本弱小的自尊。我因此剝奪了別人真實享受他生命中每個部分的過程。儘管,人出於本性總是追求快樂,但是如果痛苦是存在的,他就應該自己去解決。因為,那是屬於他的痛苦,要切除也要他自己親手切除,而不是假借治療師之手。那真的是一件禮物,很多人不知道珍惜,懵懵懂懂地送給了別人,來不及享受它帶給自己的奇蹟。」

陳逸藝聽了這個夢之後,覺得非常激動,因為她想起了李承軒。

她終於明白李承軒為什麼會推薦她來這個俱樂部完成自我成長,而不是再繼續往下治療。原來,他已經知道,不能隨便拿走別人的禮物,他要讓她自己感覺到,她正在擁有這樣的一件禮物。他知道她在這個環境中,透過學習和探索、透過對自我的接納和認同,是一定可以發現這一點的。他要讓她自己發覺,自己可以駕馭屬於自己的整個生命,並散發出光芒。想到這裡的時候,她已經忍不住熱淚盈眶。

蕙蘭聽了之後,幽幽地吐了一口氣,說:「我看看我自己,覺得實在是太幸運了,我現在還年輕,已經走上了探索的路並且知道自己身懷著貴

重的禮物,雖然現在還沒有辦法享受這個禮物帶給我的樂趣,但是我相信,我終有一天會順利開啟這個禮物的。」

莊令揚說:「不錯。我們正在成為思想的富人,身為一個心靈成長導師,我看這個世界上有兩種富人:一種是物質上的富人,另一種是思想上的富人。現在很多物質上富裕的人精神上卻很貧乏,因為他在創造物質的過程中,丟失了信仰,掩埋了自己。一個沒有自己的人,怎麼能夠容得下他人呢?既然容不下他人,他就是孤獨的人,一個人沒有被人發自內心地對待過、溫暖過,怎麼可能有精神的滿足呢?可是,今天的你們在學習成為精神富翁的同時,也在逐漸累積自己的物質財富,假以時日,你們將會成為超級大富翁。你們不單自己擁有財富,還能把自己擁有的借一點給那些有需要的貧乏的人,成為一個真正的愛的使者。所以,各位為你們自己歡呼鼓掌吧!」莊令揚的話還沒有說完,掌聲已經熱烈地響了起來。他發自肺腑的言語,充盈了這個小小的空間,也溫暖了每個人的心靈。

心理醫生只是一面鏡子 ●●●●●●●●●●●●●●●●●●●●

週末,陳逸藝帶著曉媛去動物園玩,這是作為她期末考試成績優異的獎勵,也好讓她從一個學生的角色中解脫,重新當一個無憂無慮的孩子。

曉媛到動物園後開心得不得了,一會兒跑去看長頸鹿,一會兒跑去看獅子,陳逸藝只管微笑著跟在她後面,任她如一隻小猴子一般跳來跳去。

說實話陳逸藝帶女兒的經驗非常少,但是這一次出遊,讓她充分感受到了一個小孩的快樂心情。孩子的快樂總是很簡單,有家人的陪伴,願望

能夠得到滿足，就已經可以讓他們快樂很久。

中午，她們在動物園的餐廳吃飯時，曉媛嘰嘰喳喳地跟她說自己看到的各類動物，並且按照自己的理解幫牠們分類。陳逸藝一邊聽著，一邊拿出面紙抹去她額頭上因為過度運動而沁出的汗水。

正當她們聊得興高采烈的時候，突然從旁邊的座位上傳來一聲女人的大吼：「不准去！你給我坐好，乖乖地吃完你面前的東西。」

陳逸藝和曉媛同時轉過頭去，就看到一個被媽媽大吼的男孩把嘴噘得高高的，滿臉的不高興。看到她們轉過頭來看，於是對他媽媽說：「為什麼你不能像人家媽媽對待她的小孩一樣地對待我呢？那個小女孩比我還調皮，她上竄下跳，她媽媽也不說她。我不過是想去看獅子，你怎麼就不讓我去？」

曉媛剛開始聽到有人稱讚自己的媽媽，臉上笑得跟一朵花似的，但是聽到那個男孩子說她比他還調皮的時候就不樂意了，馬上把嘴巴噘了起來，鼻子還輕輕地哼了一聲，說：「活該被他媽媽罵，敢說我比他還調皮。」

陳逸藝看著她的反應，心裡覺得又好氣又好笑，伸手過去抱著她說：「很顯然人家是在羨慕你，也許他是為了讓他媽媽允許他去看獅子才故意這樣說的。」

曉媛說：「那他可以求她嘛，幹嘛要說我比他還調皮？」

旁邊那個男孩的媽媽聽到曉媛的話之後，不由自主地笑了起來，對陳逸藝說：「你家的小朋友很有主見啊。」

陳逸藝說：「可不是嗎！」

曉媛聽到之後，頓時覺得很不好意思，臉也紅了。

第二編　我是誰

陳逸藝說:「曉媛,你剛剛才去看過獅子,你帶這個小朋友去吧,15分鐘後回來,好不好?」

小男孩聽到她的話之後,眼睛馬上亮了起來,卻看著他的媽媽不敢說話,等她開口。

那男孩的媽媽說:「去吧,15分鐘後回來啊,不准去其他的地方,聽到沒有?」

曉媛說:「媽媽,我們會準時回來的。」

陳逸藝點點頭,看著他們兩個一溜煙地跑了。

那男孩的母親說:「我姓張,叫張榮芳。你貴姓啊?」

陳逸藝於是說了自己的姓名。

張榮芳說:「你把女兒教得那麼好,有什麼祕訣嗎?」

陳逸藝說:「我看你家的小孩也不錯啊。」

張榮芳說:「唉,你都不知道,在家的時候老是調皮,總是跟我頂嘴。」

陳逸藝說:「看起來你的孩子跟我的差不多大,這個時候的孩子啊,已經有了自己的主意,大人的話他們都會選擇性地聽。所以,如果她自己決定的事情不是很離譜,我也不去干涉她。」

張榮芳說:「你可真看得開,你不怕她做錯事嗎?還那麼小。」

陳逸藝說:「讓她決定,但不是不理她啊。隨時關注著她的舉動,看到不適合的就提出來,哪能真的什麼都讓她作主啊?」

張榮芳說:「看來我真得跟你好好地學習學習。」

陳逸藝說:「學習不敢,我們彼此交流一下育兒的經驗罷了。」

晚上到家後,等父母和女兒都睡了之後,陳逸藝開啟自己的電腦準備

寫當天的日記。這個時候,她想起白天遇見的張榮芳。

聯想到這個星期讀心術俱樂部活動的主題,那一次的主題叫做「如何看待心靈成長,以及導師在心靈成長中的作用」。

陳逸藝覺得,無論是李承軒或者是莊令揚,他們都像是一面鏡子。自己在沒有接受心理治療之前,總以為所謂的心理諮商就是治療師告訴來訪者自己的一些意見和經驗,讓來訪者遵照執行。直到自己置身於治療過程中時才發覺事實並非如此。這一路走來,無論是李承軒還是莊令揚,他們做得更多的是在她的身邊陪伴她,傾聽著,引導著,並把他們從她身上發現的問題陳述出來,讓她意識到。這個過程讓她覺得,自己看到的自己就好像是站在一面明亮的鏡子面前那樣清晰。

當這樣的念頭從她的腦海中冒出來的時候,她突然想到,其實在生活中,鏡子是無處不在的,並不單單是治療師。每個人都可能成為別人的鏡子,只要自己留意,在每個人身上都能看到熟悉的東西。

今天,張榮芳就像一面鏡子,她教育孩子的方式,就像是以前母親教育自己的方式的再現。看到這個現象之後,她更加明白,什麼樣的母親才是一個孩子所希望的。明白這一點之後,她對於自己能夠快速成長更加慶幸,慶幸自己沒有把母親過去的經驗沿用在女兒的身上。同時,她相信自己也成了張榮芳的一面鏡子,因為自從中午她們交談過後,在接下來的行為中可以看出她對兒子的態度已經軟化了不少。顯然,在她看到陳逸藝和女兒相處的方式之後,也在思考自己該怎麼和兒子相處了。想到這裡,她不禁為自己成了一面好的鏡子而覺得高興。

她隨著記憶往回走,過去發生的一切就像是放電影般一幕一幕地重新在腦海中播放著。在自己這三十多年的人生裡,曾經有多少個鏡子在自己

第二編　我是誰

身邊走過？而自己又曾經充當了幾次別人的鏡子呢？這一切已經無法統計。但是這些鏡子都是那麼乾淨嗎？都是那麼標準嗎？都是像莊老師和李老師一樣標準嗎？她想起了自己的父母親，她想像著把他們當成兩面鏡子，當這兩面鏡子相互對應的時候，裡面有兩個畸形的人。而她站在這兩面鏡子中間也變成了畸形的，這是她以前所看到的自己。當她看到這樣的自己之後，就堅定地認為自己天生就是這樣的，所以自己一直沒有自信。雖然隨著年齡的增長，她的外在變得強大了，但其實內心還是非常脆弱，因為她總覺得自己是不受歡迎的，有缺陷的。

她想起在活動中自己曾經和莊令揚討論過一個問題：「為什麼以前自己在看父母親的時候會看到畸形的自己？」

莊令揚的見解是：「你看到的並不是真相，而是別人投射給你的，你未經過濾就接收下來了。」聽了莊令揚的見解之後她就明白了，自己以前是沒有過濾能力的，也就是說沒有辨別能力，以為看到的都是真的。

她想起以前外婆使用過的一面鏡子，那面鏡子她用了幾十年了，鏡面上已經有點點黑斑，但是外婆依然捨不得扔掉，因為那是她媽媽留給她的。陳逸藝記得第一次照那面鏡子的時候，她哭了，因為她看到滿臉斑點的自己，認為自己是一個很醜的小孩，所以難過得哭了。後來外婆聽了她的話之後，樂得哈哈大笑，牽著她的手去廚房，用一個臉盆裝了一盆水給她當鏡子照。當她看到水面上自己潔淨的臉蛋時，才高興地笑了起來。

外婆看到她笑了之後，說：「有些鏡子本身是壞的，所以照出來的人像也不會漂亮。你看到自己變醜了的時候，最好多找幾塊鏡子照一下。」

想到外婆，她的眼角不由得又溼潤了。外婆從來沒有華麗的語言，但是她簡單的話語中卻通常飽含生活的哲理。她想，以前自己在父母身上看

到的畸形的映象，就是她把鏡子本身的問題當成了自己的問題。

其實這樣的現象不只出現在父母身上，包括幾個前夫也是如此。她在他們身上看到的自己，就像是在哈哈鏡中看到的一般，是變形的。現在，當自己內心的力量漸漸變得強大的時候，當自己可以很客觀地去看待發生在自己身上的每一件事情的時候，在每個人身上看到的影像都不由得發生了變化。

以前，她根本無法分辨在鏡子中看到的醜陋畸形的形象是真正的自己，還是自己接收了別人的投射。而現在她已經明白，那其實並不是真實的自己，自己本身並不是畸形醜陋的。之前自己會接納，是因為沒有認清自己，是因為還沒有找到真我。而今天，當她已經對真我慢慢清晰的時候，亦能從別人身上看到自己發生的巨大變化。

第二編　我是誰

第三編
生命中的貴人

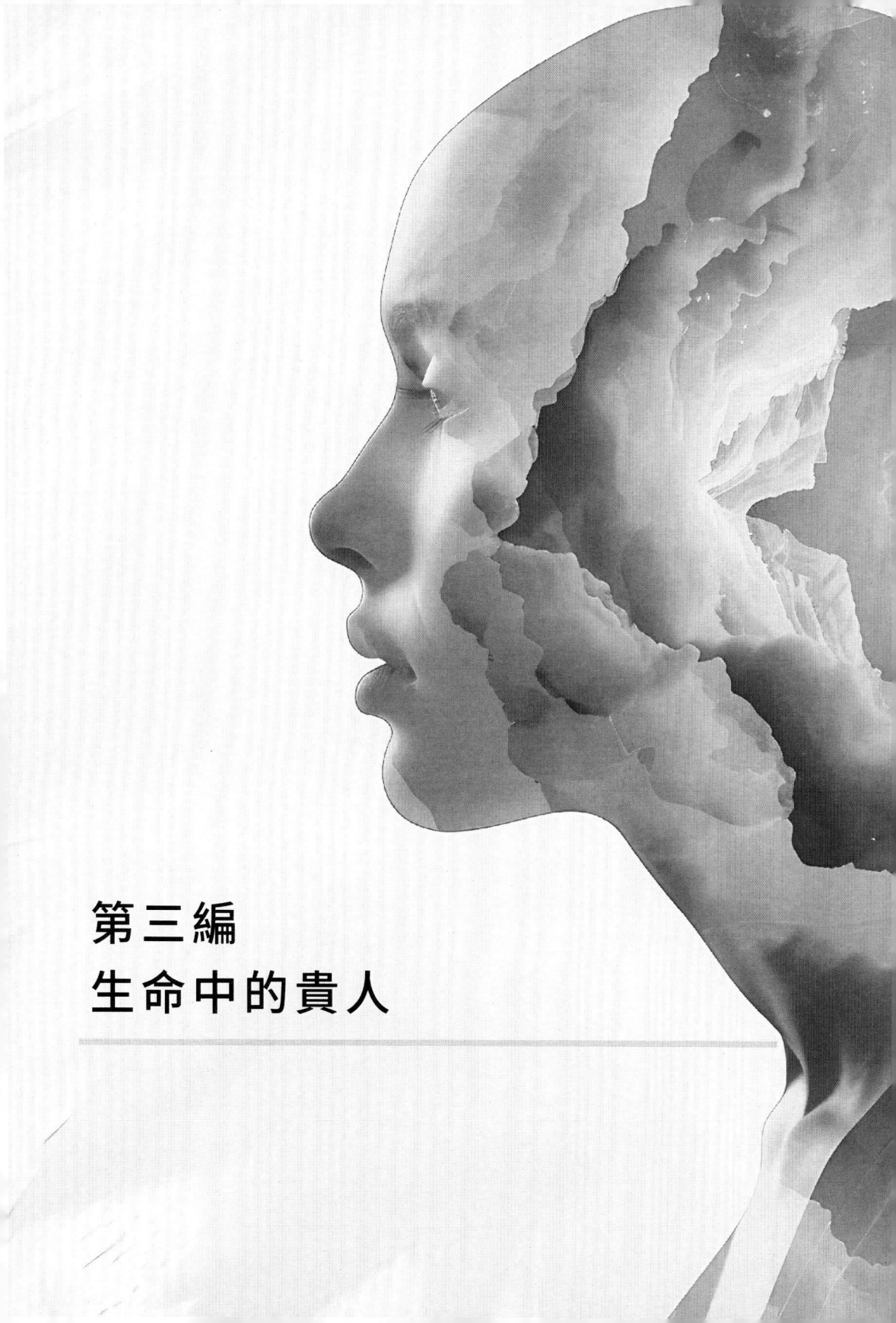

第三編　生命中的貴人

性的功能

　　時間過得很快，轉眼又過了兩個月，陳逸藝在讀心術俱樂部參加的第一階段活動也結束了。按照她和李承軒的約定，諮商的第一階段是針對情緒的，第二階段的主題是自我成長，主要在讀心術俱樂部裡完成，接下來她就要和李承軒進入第三個階段——關係的處理。

　　在這段時間裡，陳逸藝發現自己在情緒的改善方面，有了很大的進步。她清晰地意識到這樣的轉變，除了李承軒有很大的功勞之外，自己的努力也發揮了很大的作用。這也讓她認清了一個事實——如果沒有自己的配合，再好的心理醫生也幫不了自己。

　　週末下午，陳逸藝收拾好屋子之後，看看時間還非常充足，於是開啟音響聽上次李承軒分享給她的音樂。

　　她安靜地躺在床上，任由那些輕緩抒情的音樂流過她的耳廓，流過她的內心。不同的音樂讓她想起不同的人，那些在她的生命歷程中走過的人。不管那些人在她生活中逗留的時間是長是短，他們都是她生命的參與者。

　　她想到段明君離開之後，她先後認識的那幾個男人。他們在她的生活中逗留的時間並不長。幾次離婚之後，她覺得這輩子自己都不會再找到一個可以和她共度一生的男人。所以，她並未認真地和他們交往，他們對於她來說，就像是一個玩伴。她不和他們談論自己的過去，也不和他們談論自己的家人，兩個人單獨在一起的時候，就談論今天的天氣，或者談社會新聞、股市的升跌。她覺得這樣非常好，不需要付出任何的感情。

偶爾獨自一個人時，她也會為了自己的現狀而哭泣，她不明白為什麼自己會變成這樣，她從這些交往中得到了什麼呢？她和那些人在一起的時候，享受的都是當下的快感。這樣的快感，在彼此分別之後就蕩然無存，無以為繼。陪伴她的是更多的空虛和寂寞。

她從不去了解他們的生活，她存在於他們的生活之外，當然也讓他們存在於自己的生活之外。所有的一切，她做得非常隱祕，她不能讓別人知道，她是一個同時和好幾個男人交往的女人。

去年年底，她在工作場合認識了謝志偉，他是一個很優秀的男人。一開始，彼此的交往是因為工作的需要。隨著更深入的認識對方，對彼此了解越來越多之後，兩個人都不由自主地產生了微妙的感情。雖然知道他是有家室的人，但是每次在一起的時候，卻總是覺得特別愉快，心裡特別的踏實和滿足。也許，她封閉已久的心已經漸漸開啟了，她內心的愛情又開始悄悄萌芽。只是這段感情著床在不適合的土地，最後能否生根發芽、開花結果，還是個未知之數。

陳逸藝逐漸結束了和其他幾個男人的關係，一來是她覺得疲倦了，二來是她覺得自己的心已經找到了一個港灣。且不論這個港灣她能停靠多久，但是至少目前，彼此都還沒有要離開對方的打算。

她和段明君的感情是因為第三者的介入而結束的，有一段時間，她十分痛恨第三者，覺得他們就像是惡魔一樣，打著愛情的旗幟去破壞別人的家庭。姑且不論那些家庭是不是幸福的，但是至少在被破壞之前是完整的。而現在，自己卻陷入了第三者的泥沼當中不能自拔。

雖然自己一再表明，自己並不要求得到名分，但是每當他離去之後，內心中的失落卻時常讓她無法忍受。她知道自己事實上並沒有那麼偉大，

第三編　生命中的貴人

　　因為她是一個平凡的女人，她有自己的慾望和渴求，她很希望自己可以和相愛的人擁有一個溫暖的家。但是在他身上，這些無疑是海市蜃樓。

　　在交往的過程中，他們曾經有過幾次很不愉快的爭吵。當然都是因為她沒控制好自己的情緒，借題發揮，無端發火。事後，他總是冷靜地看著她怒髮衝冠的樣子，對她說：「你真的應該去找個心理醫生，你不能毀了自己。」

　　會走進治療室，除了自己的決定，他的話也造成了很大的作用。知道她去接受治療之後，他也覺得很開心。

　　當陳逸藝看到謝志偉因為她去接受治療而開心的樣子，內心不由得一陣感動。她知道，彼此之間的感情是真正存在的，他們都很真誠地關心著對方，為對方設想。只是，這樣的感情卻是不符合道德倫理的。

　　想到這裡，她不由得嘆了一口氣。這些情況，何敏華和林鳳並不知情，因為她們和以前的她一樣，對第三者都很牴觸。她不說，是因為自己過不了道德的關卡。其次，她不想因為這件事情，失去兩個好朋友。

　　星期二，陳逸藝比約定的時間早十分鐘來到諮商室。

　　坐定之後，李承軒說：「好久不見了，逸藝。聽令揚說你在俱樂部的進步神速，真替你開心。」

　　陳逸藝說：「謝謝，在那裡的收穫真的很大。我最近的生活過得很充實，生活中多了兩個很聊得來的好朋友，和父母、女兒的關係也穩定。但是，這幾天一直有一個問題在困擾著我。」

　　李承軒問：「哦？是什麼樣的問題在困擾著你？」

　　陳逸藝說：「這幾天我一直在回憶自己的過去，我一直在思考我的生活，我不知道我為什麼會走到這樣的境地。」說到這裡，她停頓下來，顯得欲言又止。

李承軒問：「什麼境地？」

陳逸藝沉吟了一下，然後吸了一口氣，彷彿是下了很大決心似的：「既然今天我們開始關係的治療，我覺得很有必要談談我過去的關係模式。」

李承軒點點頭，說：「是的。」

陳逸藝又沉默了一下，才說：「過去，我可以同時和幾個男人交往，並且發生關係。」說完之後，她看著李承軒，觀察他的反應。

李承軒沒有說話，沉默地回望她，一臉的專注，並不見有鄙夷的神色。當兩個人的眼神相接觸的時候，他點點頭示意她往下說。

陳逸藝說：「事實上，我從小家教極其嚴謹，我現在這樣的行為，在我的父母看來，是非常不道德、不檢點的。」

李承軒說：「這只是你選擇的一種生活方式罷了。先不要給自己下結論。你現在選擇了這樣的方式，並不等於說你以後也會選擇這樣的方式。」

陳逸藝說：「我就是害怕我會一直這樣選擇。我非常害怕孤獨，我不喜歡一個人待在屋子裡，我總得要找一個人陪我。有人在我身邊，我才會覺得安全一點，一直以來都是這樣，但是同時我又痛恨自己的依賴。」

李承軒問：「你和那些人交往，只是希望驅趕孤獨嗎？」

陳逸藝說：「是的。當我意識到我一個人的時候，我會打電話給其中一個人。不管是誰，只要他願意過來陪我就好。」

李承軒問：「到現在還是這樣子嗎？」

陳逸藝說：「最近好一點了。我選擇了一個人作為固定的伴。我希望我這樣說的時候，你內心不要有反感。我只是希望把自己真實的想法說出來，好讓你對我有更多的了解。」

第三編　生命中的貴人

　　李承軒說：「我能理解。你繼續說，沒有關係。」

　　陳逸藝說：「他是一個有婦之夫，我們不能經常在一起。每當他不能陪我的時候，我雖然知道自己對他不能提出要求，但是內心還是會很失落。以前，我為了報復他，我又去聯繫之前交往過的男人。只是這樣一來，我覺得自己非常累，我痛恨這種生活。我不知道我為什麼就是停不下來。」

　　李承軒問：「那些男人能給你帶來什麼呢？」

　　陳逸藝說：「除了給我帶來感官的快意，還可以幫我驅散孤獨的感覺。」

　　李承軒問：「那麼你這次希望解決什麼問題呢？」

　　陳逸藝說：「現在，我的前夫和女兒開始多見面之後，產生了和我復合的念頭。我知道和他再婚，對我的女兒還有整個家庭來說都很有好處，但是我卻不願意放開那個人。也就是說，我寧願做一個暗無天日的第三者，也不願意讓自己擁有正常的家庭生活。你說我是不是瘋了？我很想知道自己為什麼會這樣，究竟是什麼讓我做出這樣的選擇？」

　　李承軒說：「究竟是什麼讓你做出這樣的選擇，這就需要安靜下來看清你的內心，看看你內心深處到底有什麼在左右著你。你這樣的情況已經維持多久了？」

　　陳逸藝說：「兩三年了吧。自從我和前夫分居之後就開始了。我無法面對自己內心的孤獨。」

　　李承軒問：「當你孤獨的時候，你會產生什麼樣的情緒？」陳逸藝說：「悲傷。」

　　「很好，你說到焦躁不安，我們姑且稱為焦慮。也就是說當你孤獨時會產生恐懼和焦慮的情緒。」

「是的。」

李承軒問：「關於恐懼和焦慮，你了解多少呢？」

陳逸藝說：「我不是很了解。」

李承軒說：「那我先告訴你焦慮和恐懼之間的區別吧。焦慮是指一種缺乏明顯客觀原因的內心不安或無根據的恐懼，預期即將面臨不良處境的一種緊張情緒。也就是說我們為並沒有發生的事情產生害怕的情緒，這是一種不合理的思維。恐懼則是一種企圖擺脫、逃避某種情境而又無能為力的情緒體驗。恐懼的情緒往往源於現實生活中正在發生的事情。例如一個人身處在地震當中，看著房屋倒塌，他非常害怕，這種害怕是恐懼。如果一個人不在地震現場，即地震並沒有發生，他想像過幾天之後會有地震發生，越想越覺得害怕，這種害怕就是焦慮，焦慮的來源是現實中並沒有發生的害怕事件，恐懼的來源是現實中正在發生的害怕事件。就像一個媽媽因為自己的兒子得了感冒去看醫生，但是她很害怕自己的兒子會死掉，我們會說這是過度的焦慮，而不是恐懼。如果兒子被宣布說只有三天生命，媽媽這時的害怕就是恐懼。這樣說，你能夠理解嗎？」

陳逸藝說：「可以理解，但是這個和我的症狀有什麼關係呢？」

李承軒說：「焦慮和恐懼通常是因為不安全感引發。所以這兩種情緒產生的時候，人會不由自主地尋找安全感。你回想一下，你通常在什麼時候會很希望有人在自己的身邊？」

陳逸藝說：「焦慮不安的時候，覺得恐怖的時候。」

李承軒說：「是的，這就是你選擇用來緩解這種情緒的方式。你選擇了這樣的方式，並且覺得它對你有用，於是你就一直沿用。」

陳逸藝說：「真不敢相信。」

第三編　生命中的貴人

　　李承軒說:「當然,選擇是沒有對錯的,不同的人會有不同的選擇。你會這樣選擇,是因為你覺得這個選擇可以幫助你緩解內心的恐懼和焦慮,是嗎?」

　　陳逸藝說:「我第一次用這種方式,是在我第一次離婚之後。那段時間我情緒十分低落,於是選擇了外出旅遊。在旅遊的途中,我遇到一個男子,他也是單獨一個人去旅遊,並且和我住在同一家飯店。我不知道是誰先主動的,其實這在當時來說也不重要,重要的是和他在一起之後,我的心得到了暫時的安寧,我不再覺得惶惑不安、不再焦躁。旅行結束之後,我們的關係也結束了,並且雙方都沒有留下聯繫方式。這段關係帶給我很美好的感覺,而我開始相信美好的感覺並不需要長久,只要存在就可以了。於是,我開始刻意地去製造這樣的機會。你知道,生活中也有很多這樣的機會。」陳逸藝說到這裡,無奈地笑了一下,低下頭撫弄著自己修長的手指。

　　李承軒說:「我們的行為很多時候是由心理活動引起的,性在這裡相當於一個用來釋放焦慮的工具。」

　　陳逸藝說:「現在我覺得,性就好像是毒品一樣。癮君子用毒品來獲得快感,填補內心的空虛感。我就用性的快感來釋放我內心的焦慮。但是,我雖然得到了暫時的安寧,卻總無法覺得踏實,總是忍不住會覺得自己低賤。」

　　李承軒說:「是的,這只是一種方式,就像運動員透過運動釋放自己的情緒一樣。如果你不想要這樣的方式,你可以去發現其他的方式,對你來說有幫助,又不會引起內心衝突的方式。」

　　陳逸藝說:「事實上,我現在已經很少和那些人聯繫了。我不能釋懷

的是，我曾經是這樣一個人。現在我知道了原因，覺得好多了，我以後會選擇一些健康的方式來對待我自己的。」

李承軒說：「你能這樣做，真是太好了。回去之後，繼續畫情緒畫。你帶來的畫我都看過了，在用色和構圖方面，都有了很大的變化。首先是用色比較鮮豔了，構圖也逐步趨向清晰明朗。這是一個非常大的進步，相信你自己也感覺到了。」

陳逸藝說：「是的，並且我身邊的人也有所感覺。謝謝李老師。」

李承軒說：「感謝我的同時，也別忘記感謝自己，你取得的成績都是靠你個人努力實現的。」

陳逸藝說：「是的，我真的感覺到了。一個人的得救，很多時候要靠自救。如果自己都不想救自己，一心希望得到別人的幫助來完成救自己的過程，那是不現實的。」

從諮商室出來，陳逸藝拿出手機，一開機就看到楊浩然的留言。最近，他越來越頻繁地聯繫她了。面對楊浩然的殷勤，她陷入了困擾之中。父母在這段時間仔細觀察著楊浩然的表現，覺得他的確是比過去成熟穩重有責任感了，於是開始遊說她和他復合。當然他們也知道自己的女兒生性倔強，不容易說服，於是還拉上曉媛做說客。

曉媛過去一直缺乏父愛，這段時間內楊浩然對她關愛有加，她覺得非常開心，自然也很希望媽媽和爸爸能夠重新在一起，讓自己和大多數的同學一樣，和爸爸媽媽，而不是和外公外婆住在一起。

陳逸藝並不是不能理解父母和女兒的心情，也不是不知道兩人復合帶給整個家庭的好處，只不過每當她想到自己要和那個人分開，總會覺得心如刀割。

第三編　生命中的貴人

想到這裡，她沒有回覆楊浩然的電話，卻打了一個電話給謝志偉。

電話通了之後，她本來想好好地和他談談自己接受治療的情況，但是他說自己正在開會，暫時不方便交談，於是她主動結束通話了電話。掛斷電話之後，她內心不由得一陣失落。

她想，如果這個時候打電話給楊浩然，他一定會很開心。可是，見了他之後，自己內心的失落會平息嗎？

她嘆了一口氣，站起身來就走，車也不等了。她知道，自己需要獨自走一段路，面對自己現在內心湧起的這種感覺。

你選擇責任還是自由

雖然第一階段的成長課程已經結束，但是陳逸藝依然持續參加接下來的課程。週三晚上，她早早來到俱樂部，剛走進活動室，就看見幾個先到的成員在圍著莊令揚說話。她也悄悄地走過去，在他們的身邊坐了下來。

蕙蘭說：「莊老師，上次的活動結束之後，我回去思考了很久，發現自己的內在小孩不止一個，而且她們的年齡也各自不同，為什麼會有這樣的現象？」

莊令揚說：「說說看她們都有些什麼特徵？」

蕙蘭說：「我感覺到最小的孩子是充滿恐懼的，很需要被愛。稍大一點的孩子是叛逆的，總是我行我素，不太聽話。」

莊令揚說：「那個叛逆的小孩，你覺得她和你每一個成長階段相連結

的話，她是處於哪一個階段呢？」

蕙蘭說：「是青春期吧，我青春期很叛逆的。」說完，她吐著舌頭笑了起來，眾人見到她可愛的樣子，也跟著笑了。

莊令揚說：「那好，我們就來談談你的青春期，那個時候你內心衝突最厲害的原因是什麼？」

蕙蘭說：「為了爭取自由。那時候家裡管我管得很嚴，我時時刻刻想要衝破父母的限制。有時候甚至還故意去違背他們的命令，破壞他們的計畫，讓他們很生氣。」

莊令揚說：「回想一下，每當這個時候，內心會有什麼樣的感受？」

蕙蘭說：「剛開始的時候會覺得挺開心的，畢竟宣洩了內心的不滿。但是看到他們不得不花時間和精力來為自己善後的時候，會覺得很內疚，覺得自己很不負責任。」

莊令揚說：「也就是說，那時候內心的衝突，是自由和責任的衝突，是嗎？」

蕙蘭說：「可以這樣說。」

莊令揚說：「這個問題非常有意思，而且，這不是你一個人會遇到的問題，我想這是每一個人都會遇到的問題。不如我們今天就以此為主題展開討論，探討一下我們內心追求自由的願望和責任感相互之間如何協調的問題。大家意下如何？」圍坐在周圍的成員都舉手贊同，看起來大家都對這個話題很感興趣。

陳逸藝聽到這個主題之後第一個聯想到的人就是楊浩然，她覺得過去的他是一個完全傾向自由而忽略責任的人。第二個聯想到的人是謝志偉，她覺得他是一個會因為責任而放棄自由的人。第三個是自己，她覺得自己

第三編　生命中的貴人

的情況最糟糕，是一個分不清楚自由和責任的人。

她正想得入神，只見蕙蘭走過來，坐在她身邊對她說：「逸藝，莊老師讓我們自由討論，我想聽聽你怎樣理解自由和責任。」

陳逸藝：「我覺得啊，自由是一片無垠的天空，而責任是繩索。」

蕙蘭說：「說得真好，那麼你是怎樣處理這兩者之間的關係的呢？」

陳逸藝說：「事實上，我處理得很糟糕。我和丈夫離婚之後，帶著女兒一起生活。因為自己缺乏帶孩子的經驗，就請母親過來幫忙。但是我們兩人卻經常會因為怎麼教孩子產生分歧。有一次，母親還因為受不了我，跑回家去了。唉……」說到這裡，她輕輕地嘆了口氣，蕙蘭見狀，不由得伸手過去拍拍她放在膝蓋上的手。她抬眼看看蕙蘭，感激地笑了一下。

她又繼續說：「那個時候，我就覺得母親是干涉了我教育孩子的自由。後來我找到了工作，不得不和母親妥協，把孩子託付給她，然後開始自己新的生活。此後，孩子的問題就成了我最大的心病。重新回歸社會之後，生活變得很忙碌，別說照顧孩子，甚至有時候我都沒有時間回媽媽家去看她。」

蕙蘭說：「你在忙什麼啊？下班後不就可以照顧孩子了嗎？」

陳逸藝說：「也許是因為我對父母親有依賴心理吧。當時我還年輕，渴望過多姿多彩的生活，所以經常會在下班之後參加一些社交活動，希望能夠重新認識一個可靠的人，給女兒找個好爸爸。所以，一方面我覺得自己忽略了孩子，沒有盡到做母親的責任；另一方面，我又覺得，自己有追求幸福的自由。這兩者之間經常會交戰，讓我覺得很疲累。」

蕙蘭說：「追求幸福的自由，不會因為你要照顧孩子而喪失啊。誰說你帶著女兒就不能追求幸福了？」

陳逸藝說:「也許我說得還不太明白,我的意思是,比如我去約會,總不能帶著女兒去吧。我一方面需要多花點時間了解約會的對象;另一方面,我也需要有更多的時間來陪伴女兒。於是這個時候,我就會覺得自己是一個很自私的母親,很不負責任。」

莊令揚一直在留意著陳逸藝和蕙蘭的交談,聽到這裡,他忍不住也坐過來,加入了她們的討論:「我現在談談我的觀點,可以吧?」

陳逸藝說:「當然可以了,能夠得到你的指導,我是求之不得啊。」

莊令揚說:「剛才聽了逸藝的話之後,我覺得這不是自由和責任的問題,更像是一個選擇的問題。我舉一個例子,你和一群人去旅遊,到了吃午飯的時間了,有人提議去路口的那間飯店吃飯,你認為這個提議不錯,於是跟著去了。但是有人對此提議不認同,於是他選擇了不去。不過還有另一種人,他在事後會責怪別人不叫上他。原因是什麼呢?」陳逸藝和蕙蘭同時搖搖頭,表示不知道。

莊令揚說:「因為他覺得那些決定要去的人,應該跟他確定一下他究竟想不想一起去。這有沒有道理?」

陳逸藝和蕙蘭又搖搖頭。

蕙蘭說:「如果別人的提議,他覺得認同,他應該站起來跟著去,但去不去是他自己的選擇,別人只會尊重他的選擇,而不可能去過問他為什麼那樣選擇。」

莊令揚說:「對。我們每一個人都要清楚自己是做出了選擇,還是沒有做出選擇,而且還要清楚做出選擇之後所要承擔的責任。比如說你選擇了讀心術俱樂部,你就要承擔兩種後果,能夠實現自我成長、不能夠實現自我成長。如果能夠獲得自我成長,這當然好,但是如果不能,你能責怪

第三編　生命中的貴人

莊令揚嗎？」

　　陳逸藝說：「在這裡無論是有收穫，還是沒有收穫，都應該是自己的事情，因為這是自己的選擇。這裡沒有別人的責任，只有自己選擇正確或是選擇錯誤的問題。」

　　莊令揚說：「對，而且就算沒有做出選擇，也需要承擔相關的責任。比如說如果做出了選擇，自己就可以成長得快一點，但是自己卻選擇了不選擇。所以，自己的痛苦還是需要自己來承擔責任。因為對自己不負責，所以要承擔責任。」

　　陳逸藝說：「莊老師，你的意思是不是說，自由或者責任，其實也是一種選擇的結果？」

　　莊令揚說：「自由和責任，不是一種選擇的結果，而是兩個不同的選項。我的意思是說，當你選擇了自由的時候，你要為你選擇自由負責。當你選擇責任的時候，你也要為你選擇了責任而負責。」

　　陳逸藝說：「我不太懂。」

　　莊令揚說：「比如你有追求自身價值體現的自由，並且你選擇了它。那麼，你就要為這種選擇負責。在這個過程中先努力工作，該做什麼就做什麼，先把來自女兒的困擾收起來。同樣地，你也有選擇照顧女兒的自由和權利，如果你選擇這個，你就應該好好照顧自己的女兒，陪她成長，而不是牽掛著工作的事情。這中間是不會有任何衝突的。」

　　陳逸藝說：「也就是說，只要清楚自己做出了哪一種選擇，並好好地遵守，而不需要因為做出了這樣的選擇而苦苦掙扎，是嗎？」

　　莊令揚說：「是的。因為既然已經做出了選擇，再去掙扎只會令自己更加痛苦，卻對事態沒有絲毫的幫助。」

陳逸藝說：「聽了你的分析，我知道以後該怎麼樣來平衡孩子問題和生活問題之間的關係了。謝謝莊老師。」

莊令揚說：「你有這樣的感悟，和你自身的努力也是分不開的。」說到這裡，他提高了聲音對著其他的學員說，「各位同學，現在可以把討論中得到的感悟寫下來，用詩歌或者散文的形式都行。把你理解的自由寫進去，把你理解的責任也寫進去。」

陳逸藝在莊令揚離開之後，沉思了好一會兒。她覺得透過討論，自己對自由和責任的了解又更深了一層，於是，她寫下了以下的短文。

在我還是小孩子的時候，自由是我的好朋友，我們相處得非常融洽、自然，不需要任何掩飾。我和她在一起的時候覺得很輕鬆，毫無負擔，我可以無拘無束地做我自己。自由給我帶來快樂和愉悅。那時候，我以為自由會一直待在我的身邊，但是隨著時間如車輪般不停地轉動，我和自由之間的友誼變得越來越脆弱。每次當我奔向她的時候，內心總覺得像有什麼東西在後面牽扯著我，不讓我前去。我很困惑，很迷茫，不知所措。

我問自由：「為什麼我會這樣？內心深處牽扯著我的是什麼？」

自由說：「那是我的敵人——責任。你知道嗎？當一個人內心有了責任的時候，自由就會被迫離他越來越遠。」

聽到自由的話之後，我覺得非常恐懼，還有憤怒。我不希望責任進入我的生活，但是，這似乎由不得我選擇。隨著我的成長，他出現的次數越來越多，逼得我不得不去面對他。

我問他：「為什麼要跟著我？我不喜歡你。」

責任說：「喜歡自由的人很少會喜歡我。但是，我卻不是一無是處。自由可以給你帶來快樂和愉悅，我也能帶給你一些生活中必需的東西。」

我問：「是什麼？」

第三編　生命中的貴人

責任說：「勇敢和堅強。」

我問：「要這些有什麼用？」

責任說：「具備這些特質，會讓你成為一個有價值的人。」

我聽了之後，沉默不語。

責任問：「你希望自己成為一個有價值的人嗎？」

我說：「是的。但是難道我擁有了自由，就會成為一個沒有價值的人嗎？」

責任說：「不是的。其實我們兩個也並不是完全對立的，我們其實也是可以同時陪伴你的，只是你現在還不懂得如何處理我們之間的關係罷了。如果有一天，你能處理好了，我們就可以同時在你身邊陪伴你了。」

我問：「那要等到什麼時候？」

責任說：「要等你經過不斷地嘗試找到好的方法之後。」

對於責任說的話，我似懂非懂。接下來，我找自由的時間越來越少。偶爾找到她，都會覺得心裡充滿罪惡感。自由察覺之後覺得非常難過。於是我們見面的次數就越來越少了。我有些委屈，也有些無奈，但是內心卻渴望得到她的理解，很想告訴她是因為我現在還沒有協調能力，才不得不選擇了偏向責任多一點。因為我希望自己是一個有價值的人，同時這也是我的家人對我的期望。歲月慢慢地流逝，我內心的衝突逐漸地減少，我逐漸地掌握了協調他們之間的關係的技巧。我很開心，我們三個終於可以結伴同行，享受美好人生。

真誠是一種力量

中午，何敏華打電話給陳逸藝，約她在街角的咖啡店見面。

見面之後，何敏華一邊喝著咖啡，一邊說：「我快被我們辦公室的小林氣瘋了。」

陳逸藝問：「她做了什麼讓你這麼生氣？」

何敏華說：「中午我們一起在員工餐廳吃飯，她當眾批評我。最讓我難以忍受的是，她偏偏還說：『我這是為了你好啊，看在同事一場的分上才跟你說的。』真受不了！」

陳逸藝說：「她是不是誇大其詞了？」

何敏華說：「那倒沒有。其實那個缺點我自己也知道，只是我不希望她在那麼多人面前說。我也覺得並沒有必要在那麼多人面前說。畢竟我在公司還是有一定地位的嘛，那個時候，你都不知道我有多尷尬。」

陳逸藝說：「如果真的是為了你好，似乎在私底下指出會更好一些。」

何敏華嘆了一口氣說：「就是嘛。唉，如果每個人都像你一樣善解人意，那就真的是天下大同了。那傢伙這樣的行為還不止一次呢。同事們都受不了她，一見到她就繞路走。」

陳逸藝聽到這裡，不禁笑了起來：「這個小林是初出茅廬的新人吧？」

何敏華說：「你怎麼知道？她剛從學校畢業沒有多久，剛到我們公司上班，還在試用期呢。」

陳逸藝問：「她的性格怎麼樣？」

何敏華說：「外向。好像不知道憂愁一樣，做錯事批評她也不會放在

第三編　生命中的貴人

心上,總是笑呵呵的。」

陳逸藝說:「從你的陳述中,我感覺她是一個熱心卻有點莽撞的人。如果根據希波克拉底的『體液學說』來分析,她極有可能是一個多膽汁的人。這種人的性格就是率直、外向,比較急躁和固執。以前我辦公室有個同事也是這樣的人,經常告訴我一些看起來很為我著想的觀點。剛開始,我雖然心中並不認同她的做法,但是咬咬牙就忍了,真的以為別人是為了自己好呢。現在我就不會啦,懂得自我保護了。」

何敏華一聽,連忙放下咖啡杯說:「你是怎麼做的?快點教教我。我才可以找個機會教訓她。」

陳逸藝說:「這也沒有什麼祕訣,就說出自己真實的想法吧。如果我不想聽她的意見,我會說:『等等,你說出來的話我聽了之後會不會不開心?如果會,那就等我能夠接受的時候再跟我說吧。』通常這樣說了之後,她就會安靜了。」

何敏華說:「這招好用。改天我也試一試。」

陳逸藝說:「這種人呢,與其說他是真誠,還不如說他是真實。因為我理解的真誠應該是善意的,真誠地把自己的想法說出來之後,人家是會覺得舒服、容易接受而不是覺得惱怒的。」

何敏華說:「就是嘛,都不知她這樣說是為了什麼。」

陳逸藝說:「一方面年紀還小,還不懂得人情世故。另一方面,可能是為了證明自己是有觀察力的,也有些人這樣說是為了證明自己有眼光,比別人更優秀,或者是更有愛心。總之,這樣做的目的,多數是為自己服務而非替別人著想。」

何敏華說:「那這就是打著真誠的旗幟貶低別人,抬高自己囉?」

真誠是一種力量

陳逸藝說：「可以這麼說。真誠可以理解為真實和誠懇同時具備。顧名思義，真實就是眼前所見所聞的現象。而誠懇是一種特質，是會站在對方的立場考慮問題。所以我敢肯定，小林對你和其他同事表達自己的看法時，只是表達了她真實的一面，誠懇的一面並沒有表現出來。當然，她這樣做並沒有對錯，也許真的是出自好心，只不過她的方法用錯了，不被別人接受而已。」

何敏華說：「我現在總算知道什麼叫做好心辦壞事了。我的缺點是存在的，她也沒有說錯。只是她沒有考慮我能不能接受就直接講了出來。」

陳逸藝說：「她是假定你可以接受，因為這就是她內心真實的感覺。她看到了這樣的現象，而且把自己內心的感受說了出來，是因為她覺得有必要說出來。這些都是真實的。如果她稍微思考一下，就會明白這件事情在大庭廣眾下說和私底下說會有什麼不同的效果了。當她懂得去考慮你的感受之時，那麼她對你就已經做到真誠了。」

何敏華說：「是啊。虧我當時還真以為她有什麼好的建議，直說『好啊好啊歡迎指正』，結果聽了之後讓我覺得非常鬱悶。」

陳逸藝抿嘴笑著說：「你就當是吸取一個經驗教訓吧。」

何敏華說：「我覺得這樣的表達方式可以算是人際關係中的一個殺手。」

陳逸藝說：「是的。告訴你吧，以前我就是這樣子的，結果讓我吃盡苦頭。」

何敏華說：「真的嗎？看不出來啊。你現在處事很圓融啊，有時候我都不得不佩服你。」

陳逸藝說：「那時候我大學剛剛畢業，什麼人情世故都不懂。看到什

第三編　生命中的貴人

麼就說什麼，結果人家覺得我很討人厭。我自己還很委屈呢，覺得自己是好心遭雷劈了，同時又覺得那些同事很虛偽。於是就漸漸地和他們疏遠了，最後自己在辦公室變得越來越孤立。待不下去就想著換工作，到了別的地方之後，卻發現這樣的現象依然存在，就覺得更鬱悶了。」

何敏華說：「後來怎麼改變過來了？學了心理學？」

陳逸藝說：「那個時候也不懂得真誠的概念，還是學了心理學之後才了解的。我會改變是因為後來我遇到一個很不錯的上司。他和我父親一樣大。在一次公司例會上發現了我這個毛病，於是找了個時間和我聊天，指出這個缺點，並告訴我如果想發展得更好，必須處理好自己的人際關係。同時他還教會我很多做人的哲學，在他的教育下，我總算是有所改正了。後來我在公司的人際關係逐漸地改善了，工作也進行得很順利。這都得感謝他。當時他沒有引經據典，但是我覺得雖然他沒有說什麼大道理，話中卻飽含哲理。」

何敏華說：「可不是嗎？可惜我們現在還不懂這些，因為我們還沒多老。我看我們非得到被人家稱為老太太的時候，才會懂得這些。」

陳逸藝一聽，忍不住笑了起來。

這天晚上，陳逸藝在日記裡寫道：

今天和敏華見面的時候，討論到真誠的關係。我覺得就真誠這個詞來說，包含「真」和「誠」兩個概念。「誠」裡面包含著「真」，但是在「真」裡面卻不一定包含著「誠」。「真」是一種現象，這種現象是具體的，它反映的是一個客觀事實，例如我們身邊正擺放著一盆花。「真」就是我們眼前所看到的一切，以及由這一切產生的內心的感受，是確定存在的。也可以這麼說，「真」就是自然，而「誠」是內心無形的一種情感、一種善意、一

種人性的展現。

在生活中，我們經常會告訴別人自己的某些做法是真誠的。但是我們真的就真誠嗎？當我們看到某種現象，同時發現我們身邊的某個人將會被這種現象傷害的時候，我們應該怎麼告訴他呢？是告訴他真實的現象，還是要考慮他的接受能力之後再告訴他呢？這裡的真誠就造成了很重要的作用。

沒有經過任何加工和修飾就告訴一個人真實的事件，他未必能夠接受。在事態極端的情況下，對方有可能還會因此而受到傷害。但是倘若能夠帶著誠意，站在對方的角度先衡量一下這件事情對他造成的衝擊，處理的結果就會變得相對柔和一點，更能達到助人的目的。

例如，在某個人經歷了重大的事故之後，最好的做法並不是圍在他的身邊出言安慰。這個時候，他更需要的是平靜。出言安慰是一種真實表達自己心意的做法，對事件的當事人來說也許並不能造成安撫的作用，反而有可能增加他的困擾。最佳的方法就是靜靜地待在他的身邊，關注他，留意他的需求，並盡力幫助他解決當前的問題。

如果說「真」是一個充滿熱情的熱血青年，那麼「誠」就是一個睿智的善解人意的長者。只有在年輕人的行動力和長者的縝密思維相結合的時候，才是真誠真正展現的時候。

同時，我認為真誠並不是一個人與生俱來就知道的，而是一種學習得來的特質。要真正地學會真誠，首先需要有敏銳的洞察力，能夠及時注意到當下發生的事件，以及看到事件背後的本質。其次是必須擁有面對這種真實現象的勇氣，如果一個人具備洞察力，但是對發生的現象卻視而不見、聽而不聞，這也不能培養出真誠的能力。在人際交往中，如果表達真

第三編　生命中的貴人

實現象是為了讓他人獲得心理成長，而且能夠讓人產生快樂，而不因此受傷，這就是真誠。

在大自然中，我們遵守「真」，與人交往的時候，我們遵守「誠」，這才是人際交往的真諦。也只有這樣，真誠才是愛的表現，才是力量的象徵。

經驗與經歷

陳逸藝剛回到家，女兒曉媛就跑過來問她：「媽媽，我問你，經驗和經歷有什麼不同？」

她一邊把手上的東西放好，一邊問：「這是老師派的作業嗎？」

曉媛說：「不是的，是我今天在看課外書的時候看到這兩個詞。我搞不懂，所以問你。我剛才問了外婆，她說得不清楚。」

她把女兒帶到客廳的沙發上坐下來，然後說道：「經驗嘛，就是從某件事情中學到的知識。比如說今天晚上如果外婆叫你幫她煮飯，你會不會煮？」

曉媛說：「我不會。」

陳逸藝問：「為什麼？」

曉媛說：「因為我沒有煮過嘛。」

陳逸藝說：「這就對了。因為你沒有煮過，沒有經驗所以不會。經驗可以說是學習之後得到的結果。比如今天外婆教你煮飯的方法，明天你要

經驗與經歷

自己煮飯,那麼你就可以按照今天學到的方法來做。這個方法,就成了你的經驗。這樣你懂了嗎?」

曉媛點點頭說:「原來那麼簡單啊。那經歷呢?」

陳逸藝說:「經歷就是你親手做過,親眼看見過的,或者是親身經歷過的事情。還是用剛才的比喻,外婆叫你煮飯,你煮了,那煮飯的過程就是你的經歷。經歷不只包括煮飯的過程,還包括外婆教你的過程。」

曉媛說:「我不是很懂啊。你再說得清楚一些。」

陳逸藝說:「比如,你明天去學校,和你的同學說:『昨天我外婆教我煮飯,我是怎麼怎麼煮的。』那麼,你就是在對同學說外婆教你做飯的經歷。」

曉媛說:「這麼說,經歷比經驗更大一點了。」

陳逸藝一聽笑了起來,小孩子就喜歡用大小來比喻程度,說:「對,就像我們家裡,先有了外婆外公,才有我,再到你。」

曉媛說:「那麼,經驗是從經歷中得到的囉?」

陳逸藝聽了,一把抱住女兒說:「你好聰明啊,懂得舉一反三了。」

曉媛得意地笑起來,停了一下,又問:「媽媽,那是不是一個人的經歷越多,經驗就越多?」

陳逸藝說:「一般來說是這樣的。」

曉媛問:「那些經驗都是有用的嗎?」

陳逸藝說:「那可不一定!」

曉媛問:「怎麼說呢?」

陳逸藝說:「比如說有一個小孩子,他小時候經歷過被爸爸打屁股的事情。他得到的經驗有兩種:一種是不聽話就要被大人打屁股,另一種是

175

第三編　生命中的貴人

打屁股很痛。那麼他長大以後，如果把這種『不聽話就要被大人打屁股』的經驗用在他的小孩子身上，你說好不好？」

曉媛立刻把腦袋搖得很厲害，說：「當然不好啦，打人是不對的。」

陳逸藝摸摸女兒的頭說：「所以說，經驗不一定都是正確的。」

曉媛問：「可是如果小孩子分辨不出來，用了不好的經驗，那可怎麼辦啊？」

陳逸藝說：「如果是在小時候有了不好的經驗，可能就要等到長大之後發現了才能改正過來啦。好啦，你該去做作業了，做完作業我們再繼續討論經驗和經歷的問題。」

曉媛離開之後，陳逸藝陷入了沉思，女兒剛才那句「可是如果小孩子分辨不出來，那可怎麼辦啊？」像是警鐘一樣突然把她敲醒。

她自從出生到現在，經歷過的事情已經不知道有多少。單單是從「人」這方面來統計，她每天都遇到不同的人，到現在為止，應該有上萬個了。每個人都會和她產生連結，而每個人和她之間發生的事情往往不止一件。那麼，她大大小小的經歷已經不是用萬來做單位，有可能是十萬來做單位了。

在這個過程中，自己的經驗系統不斷被填充，好的經驗和不好的經驗堆積在一起，就像是一個沒有分類的檔案室一樣。此後，在經歷某些事情需要用到某種經驗的時候，她也不管三七二十一信手拈來，拿起就用，從來不曾分辨是否適合。她這種拿來就用的結果，直接用於自己的生活，受影響的不只是自己，還有自己的家人。過去發生的一切，有多少是因為自己用錯了經驗才發生的呢？自己最近在進行的學習，對改正錯誤有多大的幫助呢？

想到這裡,她馬上到自己的房間,關上門,拿出紙和筆,列了一個表格出來。她現在很想弄清楚自己曾經運用的經驗對自己生活的影響。再說只有把自己的問題弄清楚,才能好好地教導女兒啊。

她首先在表格中填寫了自己的名字,然後填寫上父母和女兒的名字,繼續往下填上楊浩然、沈寧志、段明君、謝志偉的名字。

填好之後,她把每一個人都畫成一幅畫,一字排開,放在自己的面前,然後仔細回想自己和畫中每一個人之間發生過的事情。

在與父母的關係中,她首先運用的不好的經驗是自責。她以為透過自責,母親可能會因為看到她懂事而對她更關注一些,更疼愛一些。同時,她也希望透過自責來消除自己的內疚感。這種內疚感是因為父母的願望沒有達成而產生的。父母在她還沒有出生之前,本來以為她是一個男孩,結果生下來是女孩。她以為這是自己的過錯,應該為這件事情自責。因為一直存在內疚和自責的心理,所以她對父母的忽略從來不敢提出異議,並且想盡一切辦法討他們歡心。久而久之,這不但沒有讓自己和父母之間的感情更進一步,反而讓這種並不真誠的表達,隔離了自己和父母之間的情感。

在和女兒之間,她運用的經驗是逃避和自卑。她覺得自己不是一個好媽媽。首先她沒有扮演好一個媽媽的角色,她不能給孩子一個完整的家,不能讓孩子擁有爸爸。其次,自己過去複雜的親密關係也讓她認為自己不配當一個好媽媽。對曉媛的感情中,依然帶有很多自責和內疚的成分,以致在她第三次婚姻中,儘管曉媛對她表現得非常冷漠,很不禮貌,她也不敢直接指出她的錯處,不敢出言管教她,糾正她的行為,而是趕緊把她送到父母家裡,避免和她產生正面的衝突。她這樣的行為,不但傷了女兒的

第三編　生命中的貴人

心，而且讓自己陷入更大的痛苦之中。

對待三個前夫，她運用了從母親那裡學來的經驗，運用了母親和父親相處的模式。以前，她從來沒有想到每個人都是獨立的個體，也沒有思考過為什麼自己和幾個前夫之間會出現各式各樣的問題。她也沒有考慮過經驗是否適用的問題，她不知道一種經驗用在甲的身上也許奏效，但用在乙的身上也許就會失靈。正因為如此，所以這三段婚姻都以失敗告終，而自己還百思不得其解。

最後，陳逸藝發現以上記錄的運用經驗的經歷又給自己帶來了全新的經驗。由此可見，經驗和經歷是互相交融、互相轉換的。經驗獲得的過程有可能是感性的，也就是說人類知識起源於感覺，並以感覺的領會為基礎得出經驗。但是運用經驗的過程卻宜理性。只是，自己也是吃了不少虧，受了不少苦之後才把這個經驗給總結出來。可見經驗的獲得，不管是好是壞都要做出犧牲，一件發生在日常生活中的小事，有時候甚至要付出驚人的代價。

同時她也發現，獲得經驗有時候並不需要自己親身經歷。親眼看到的東西，也可能被內化為自己的經驗。比如自己在婚姻中運用的經驗，那就是母親的經驗。又如現在有些恐婚的年輕人，他們大多數並沒有經歷過婚姻，害怕結婚不過是因為看了太多不完美的婚姻，唯恐自己也會有相同的結果。這種人是把別人的經歷未經加工就當成了自己的經驗加以使用，結果產生了不良效果。

陳逸藝看著這些圖畫，那些寫在圖畫上密密麻麻的字就像是探索心靈之旅的一個個路標，而自己跟著這些路標，已經離目標越來越近。想到這裡，她內心不由得一陣歡喜。最值得高興的是，這種收穫不只是自己個人

的收穫，還是一種可以和朋友分享的經驗。這幾年來，她從來沒有想過自己有一天會獲得如此巨大的成長。她總是覺得自己這一輩子都會庸庸碌碌地度過了，會整日活在煩惱中，會糾纏在生活的大小事務中。

現在如果說還有什麼是覺得遺憾的事情，就是當初自己因為年少氣盛，沒有好好地和楊浩然溝通，而是透過以暴制暴的方式來對待他，造成兩個人的婚姻破裂，讓女兒曉媛不得不從小就受到父母離異的打擊。並且，在離婚後兩三年，自己以楊浩然不喜歡女兒為藉口禁止他探望，完全漠視曉媛對父愛的渴望。因此，給女兒和楊浩然都造成了不小的傷害。雖然現在自己已經在盡力彌補以往的過失，但是她還是非常擔心這個不好的經歷會對曉媛造成不良影響。

第二個遺憾是自己後來結婚兩次，兩次都未能帶給曉媛幸福的感覺。自己不但處理不好和丈夫的關係，也處理不好女兒和繼父之間的關係。不懂得給他們製造機會溝通，只知道一味將彼此隔開。她以為這是對曉媛的保護，殊不知這對曉媛的傷害更大。她婚後因為無法處理好家庭關係，把女兒再次送到父母家，讓曉媛覺得自己被媽媽再一次拋棄，從而曾經對她產生強烈的恨意。現在回想起這一切，她既覺得心痛，又覺得慚愧。

幸好，這一切被及時終止了。現在，她已經逐漸變得有力量，不但可以修復自己心上的傷痕，還可以修復父母和女兒心上的傷痕了。她終於獲得一些有用的經驗，而且，她要把這些經驗傳給女兒，讓她長大後可以過上幸福的生活。

第三編　生命中的貴人

婚姻無限責任公司 ●●●●●●●●●●●●●●●

　　上次找李承軒諮商之後，陳逸藝開始思考他所說的處理親密關係的問題。剛開始，她並不明白李承軒為什麼要把關係處理這個內容放在最後。就當時的情況來看，好像一切的問題都是因為關係處理不好才產生的，所以那個時候調節關係對於自己來說是一件十分重要的事情，但是他沒有選擇在諮商開始的時候進行。

　　今天她才真正明白他的用心。她現在已經完全明白，一個人無論和身邊的人關係多麼糟糕，只要認清自己、改變自己，和別人的關係就會發生轉變。如果一開始就糾纏在關係之中，只會變成一次一次的訴苦，對於改變關係並沒有真正的幫助。到了今天，當自己內部的情緒得到了有效控制的時候，當自己對自我有了更清晰的認知之後，當自己不再帶著某種偏見和別人相處的時候，自己和周圍人的關係自然而然就改善了。關係的改善讓一個人的心靈得到了寧靜和平衡。雖然圍繞在自己身邊的關係還是那麼複雜，但是今天，這些關係帶給自己的感覺，已經不再是厭惡和疼痛。

　　兩個陌生的男女因為緣分相識，產生了戀愛關係，如果發展順利，會產生婚姻關係，讓社會中增加一個新家庭。然而，這個新家庭並不只有兩個人，還有其他參與者。也就是說，當兩個單身的男女結合在一起的時候，其實是等於把兩個人的關係網結合在一起。重新構建了一張更加複雜的關係網，這張網讓很多原本毫無關聯的人共聚在一起，互融、交織，產生更多的社會生活事件。

　　由此可見，關係是在社會交往中發生的，不論是婚姻、血緣，還是其他的社會關係，無不起源於某一個社會事件。比如夫妻關係因為結婚產

生，夫妻結婚之後生育，血緣關係因此衍生，同事關係因為工作產生，合作關係因為要就某件事情達到共同目的而產生。

就親密關係而言，彼此會產生關係，是因為內心有了某一種連結。也就是說，有了喜歡或者愛的感覺，於是彼此變得親近。親近之後，關係自然也會因此確立。關係確立之後，是否能穩固，這關乎彼此的性格是否吻合，或者是有比較高的吻合度。這個吻合度是彼此之間關係是否能持續維繫的關鍵。

就如父母親的婚姻，父親個性沉穩，母親個性張揚，於是總會產生碰撞。現在，上了年紀的母親在性格上有所收斂，和父親的關係才逐漸好了起來。年輕的時候，雖然不至於三天一小吵，五天一大吵，但是他們之間的冷戰總是不時會發生。為此她還曾經冒出「父母親過得如此辛苦為什麼不乾脆離婚」的念頭。也許正是由於這個原因，當她發現楊浩然和自己的價值觀並不相同之後，自己就馬上提出和他離婚。

性格中又包含了態度和情緒兩個部分。所謂的態度在心理學上的解釋就是在自身道德觀和價值觀的基礎上對事物的評價和行為傾向。態度表現於三個部分：認知、情感、行為傾向。

認知就是每個人對他人或者某一事件的主觀意識。這往往決定於自身的道德觀和價值觀，並以此作為基礎對態度對象認定其事實，樹立認知，進行評估。

在這個過程中，當然少不了情感的參與。事實上，在親密關係中，情感成分往往占了主導地位，決定著態度的基本取向和行為的傾向。而情感總是透過情緒來反映，無論是喜歡或是厭惡都是如此。離開了情緒，情感就無法表達。正是因為如此，情緒在親密關係中發揮著至關重要的作用。

第三編　生命中的貴人

　　一個人在自己的各種關係中表現出哪一種情緒，決定了這段關係的生死存亡。

　　以自己的第二次婚姻為例子，因為自己當時是抱著找一個避難所的念頭才和沈寧志結婚的，兩個人之間的情感比例是嚴重失衡的。雖然，沈寧志對她有感情，但是她對他卻沒有絲毫的感情。正是因為如此，在履行妻子義務的時候，她總是心不甘情不願。因為缺乏情感的參與，讓他們在這段婚姻中過得很不快樂，甚至可以用痛苦來形容。所以，在她人生的三段婚姻中，這段婚姻是最短命的，一共才維持了 8 個月。

　　想到這裡，陳逸藝對自己過去經營不好親密關係已經有了一個大概的概念。從過去的經驗中可以看出，感情的參與固然很重要，但是如果認知不正確，同樣對關係有很大的損害。過去，自己對父母和前夫都產生了認知上的偏差，而這樣的偏差，讓她覺得自己的感情受到了他們的損害。就是這樣一種觀點，讓她在彼此的關係中運用了一系列不良的情緒，以致最後讓彼此的關係破裂。當然，過去她對自己不能控制情緒的原因一無所知，這些都是一直躲藏在潛意識中的自我透過意識表現出來的。

　　最近她看了一篇李承軒的文章，在文章中李承軒把婚姻比作一家無限責任公司，把結婚的兩個人比作這家公司的股東。她於是聯想到自己在管理過的幾家公司中和幾個合作人之間的關係建立、維繫和結束的過程。

　　自己第一個合作人自然是楊浩然，在這段關係中，她固然不懂得如何經營這家新開的公司，而楊浩然也對此缺乏經驗。於是到了最後，管理這家公司的不再是他們自己，而是他們的內在小孩。兩個缺乏安全感又需要照顧和愛的小孩一起管理一家龐大而複雜的公司，後果可想而知。

　　第二個合作人是沈寧志。實際上自己對於組建這家公司是非常被動

的，對於這個合作人更是毫無感情可言。當初自己會很快地走進這段婚姻，完全是因為當時自己的內心極度沮喪。父母親不能理解自己和楊浩然離婚的決定，周圍的輿論也讓自己產生了一種強烈的逃避衝動。也就是說，第二段婚姻等於是自己找到的一個避難所。既然是一個避難所，自然不會長期逗留。所以當自己走出困境之後，離開這個自己心存感激卻沒有感情的避難所也是必然的事情。

第三段婚姻的合作人是段明君。這段婚姻中的確飽含真愛，讓她充分地享受過婚姻和戀愛的甜蜜。這也是她不能面對這段婚姻結束最後選擇自殺的原因。但是，在經營這段婚姻的時候，雖然她很努力，卻過分地小心翼翼。因為內心的不安全感，也因為有過兩段失敗婚姻的經驗，讓她對婚姻的經營就如驚弓之鳥一樣。種種原因交織成複雜的心情，讓她對段明君對自己的態度變得非常敏感。他稍有疏忽都能引起她很大的情緒反應。這樣的反應其實還包含了自卑的因素。段明君和她結婚的時候，是第一次結婚，而她已經是第三次結婚，她認為這樣的結合對於段明君來說是不公平的。她強加給這段婚姻的條件，讓這段婚姻的共同經營者之間產生了不對等性。從情感的角度出發，同時她又覺得這種不對等是不公平的。因為內心的諸多鬥爭，讓她在對待這段婚姻的時候採取了好幾種態度，讓段明君變得無所適從。而且，在這期間自己更套用了母親和父親相處的模式，讓段明君覺得自己受到她的控制。久而久之，兩個人的關係陷入了僵局。以致後來第三者乘虛而入，自己的第三段婚姻宣告結束。

現在回想，自己當初會選擇自殺，除了沒有辦法接受段明君感情的背叛之外，還有一種對無法經營好親密關係的絕望。第三段以失敗告終的婚姻造成了「壓死駱駝的最後一根稻草」的作用，讓她的心理再也承受不了，於是做出了那樣的選擇。

第三編　生命中的貴人

如今，婚姻關係是結束了，但是彼此的關聯卻並沒有完全斷絕。楊浩然依然是曉媛的父親，現在他和曉媛之間的連繫越來越緊密。因為他們之間的連繫，自己和他就不可能完全脫離關係。並且當他有了復合的念頭之後，他們之間的關係可以說又緊緊地牽在一起了。

因為當初對沈寧志的感激，離婚之後自己偶然也還會和他聯繫。他再婚之後，聯繫就少了。但是每逢節日，他們都會傳訊息互相問候。與段明君也是如此，畢竟相愛一場，現在大家以朋友的身分相處，顯得更加輕鬆。

回顧以往，對比現在，陳逸藝只覺得內心五味雜陳。除了有遺憾，還有感傷。但是過去的經歷就像是反面教材一樣，讓她對自己未來要面對的各種關係有了更加深切的認知。同時她也知道，過去的經歷已經不會再影響自己的生活。今天的自己已經有了更多的勇氣和智慧，以後她會用全新的態度來生活，只有這樣才能活得更舒服、更精彩。

先說再見的人

九月中旬，陳逸藝請假參加了李承軒舉辦的一個工作坊。這個工作坊的參與者是一個旅遊公司的員工，他們安排了一個別開生面的遊山玩水探討心靈之旅。

這次的行程讓陳逸藝和李承軒有了更多的接觸。一路上，她和李承軒分享了自己最近對關係的感悟。於是，他們展開了親密關係的討論。

這時候,一個跟隨在李承軒身邊一直傾聽他們討論的成員說:「李老師,我有一個很奇怪的行為。」

李承軒聽了之後,轉過頭去看她,很感興趣地問:「哦?請你說說是什麼奇怪的行為?」

那成員說:「每次我和男朋友吵架之後,只要是他提到分手,我都會很快地搶著跟他說再見。有時候甚至他都沒有這樣的意思,我就神經敏感地把再見說出口了。結果兩個人在一起的時候很不開心。現在,他說連架也不敢和我吵了。我們一個是南部人,一個是北部人,是歷盡艱難才在一起的。交往的時候遭到了家裡的強烈反對,我媽媽甚至以死相逼,但是最終我們還是說服了她,我們終於能在一起。本來以為好不容易在一起,從此會過上幸福的生活,誰知道因為個性中存在著的差異,我們過得非常痛苦。我正是由於這個原因,才報名參加這個工作坊的,希望參加完之後對我們的感情發展有幫助。」

李承軒說:「每當你搶先說了再見之後,內心是什麼感覺?」

成員說:「我心裡其實很不捨得啊,說了再見自己更加心痛。實際上內心根本就不想說再見,但是嘴巴卻不受控制。」

李承軒說:「你的問題很有啟發,對我們了解親密關係的相處模式也有很大的幫助。現在,不如我們就在這裡停下來玩一個遊戲。我希望透過這個遊戲,能夠讓成員更加了解自己在親密關係中的模式。」

接下來,李承軒把成員分成兩個小組,排成兩排前後站好。第一個小組的成員背對著第二個小組的成員。活動開始之後,李承軒示意第一排的成員做出離開的動作,而第二排的成員做出挽留的動作(伸手扯住對方的衣服),並且示意他們不斷地把自己離開或挽留的意願增強。這樣的動作

第三編　生命中的貴人

　　大概維持了 10 分鐘，李承軒讓第一排和第二排的成員互相調換，感受不同的角色情境。活動完畢之後，李承軒讓成員們就地坐下來，分享在活動過程中的感受。

　　透過這個活動，陳逸藝回憶起以前自己在和謝志偉相處時的情景，她也會採取先說再見的態度。並且她對自己越是在乎的人，越會做出這樣的行為。現在，她已經明白自己會這樣做是因為內在自我沒有調整好的原因，但是她更想了解的是這種模式產生的原因。

　　想到這裡，她首先舉手分享了自己的感受。她說：「當我準備要走的時候，背後有個人在拉著我說『你不要走』，那個時候，我心裡覺得挺難過的。但是不知道為什麼，她拉得越緊，喊得越大聲，我越想離開。」

　　李承軒說：「這是你要走的情境。那麼，你挽留別人的時候，內心又有什麼感覺呢？」

　　陳逸藝說：「我覺得很傷心、很害怕，有一種恐懼的感覺湧上心頭。」

　　李承軒問：「這樣的感覺是從哪裡來的？」

　　陳逸藝說：「我想是從內在小孩那裡傳過來的。」

　　李承軒說：「內在小孩的這種感覺，又是從哪裡來的？」

　　陳逸藝沉思了一下，說：「這應該和我小時候的一段經歷有關。在我 4 歲那年，被父母送到了外婆家。那個時候，我父親的工作剛剛發生調動，生活還不是很穩定，照顧不了兩個孩子。因為我年紀比較小，需要花費更多的精力來照顧。於是母親就和父親商量，把我送到外婆家讓她幫忙照顧我。我的外婆在其他縣市，剛知道媽媽要送我去外婆家的時候，我覺得很害怕。因為在我去外婆家的前一天，我的姐姐對我說父母不要我了。我不願意去，但是那時候由不得我。我去了外婆家之後，外婆對我非常好，我

雖然擔心母親會突然扔下我回家，卻依然過得很開心。媽媽和我在外婆家住了幾天之後，她真的跟我說，她要把我留在外婆家，因為她照顧不了我。我當時覺得非常委屈和害怕，我覺得她是一去不回，再也不要我了，於是我拚命地大哭起來。她一邊走，我就一邊哭著跟在她的後面追。後來母親實在是沒辦法，就讓外婆把我抱住，自己快步走出門，坐上車走了。這件事情對我的打擊是非常大的。」

「後來還發生了一件類似的事情，兩年後，父親的工作相對穩定了，於是讓外婆把我送回城市裡讀書。外婆那時候和我已經建立了很深厚的感情，可是她把我送回家之後，臨走之前都沒有跟我說一聲再見。那時候她把我送回父母身邊已經一個月了，我當時已經開始上幼稚園了。有一天回到家裡發現外婆不見了，問了父母之後，才知道她已經回鄉下去了。那個時候，我也非常傷心，覺得自己又一次被拋棄了。」

李承軒說：「從逸藝的故事，我想引申一個原理。這個原理可以說明為什麼童年的生活事件，會對成年以後的生活模式產生影響。這個理論叫做依附理論。這個理論是關於一個人為了得到安全感而尋求親近另一人的心理傾向。當此人在場時會感到安全，不在場時會感到焦慮。」

「關於依附理論，有一個著名的動物實驗，是對恆河猴做的。在這個實驗中，新生恆河猴出生後，人們很快把它抱離母親的身邊，並為牠提供兩個代理母親：一個是由鐵線做成的，另一個是木頭套上橡膠皮和毛衣做成的，兩個人偶都加溫，並可在胸前裝上奶瓶提供食物。據此實驗觀察到，幼猴子會趴附在柔軟衣物的人偶旁，無論提供食物與否。當柔軟衣物人偶在附近時，幼猴們也比較積極地探索周遭的世界，似乎人偶為牠們提供了一種安全感。而另一個鐵絲做成的人偶，儘管也有奶瓶、有溫度，但幼猴並不願依附。而且，在一系列的實驗中還發現，被強行帶離依附對象

第三編　生命中的貴人

的幼猴，其長大後的行為常常不同於得到正常養育的幼猴的行為。」

「根據這個實驗，後來心理學家在嬰兒身上得到類似的反應。也就是說當嬰兒與母親分開的時候，會出現一種三階段的情感反應。首先的反應是反抗，以哭喊來展現，並且拒絕別人的安慰。到了第二個階段就是失望，這個時候嬰兒會表現得悲傷、消沉、悶悶不樂。第三階段是漠然，也就是說，這時候如果母親返回，他會主動漠視和迴避。」

「根據這些現象，人們得出一個假設，就是如果母親對嬰兒的需求做出敏感、積極的反應，會使嬰兒表現出安全型依附。安全型依附的嬰兒會尋求接近、接觸母親，或在遠處以微笑或招手問候母親。」

「而如果缺乏這種敏感反應，就會導致不安全型依附。不安全型依附有迴避型和抵抗型。迴避型嬰兒會迴避母親。抵抗型也叫矛盾型，這種類型的嬰兒會對母親冷淡或主動地表現出對母親的敵意。」

「事實上，根據依附理論，我們不僅可以理解嬰兒的情感反應，也可以理解成人的愛、孤獨和悲傷。成人的依附形式是直接來源於自己嬰幼兒及童年時代發展起來的依附模式。」

「安全型成人發現接近他人較容易，並能自然地依賴於他人和被他人依賴。安全型成人不會經常憂慮於被拋棄或與人關係過於親密。」

「迴避型成人在與他人關係親密時會有些不自然；他們發現難以完全信任他人，難以讓自己依賴他人。迴避型成人在與別人關係親密時會感到緊張，並且，如果他們的情人要求更親密的關係經常使他們感到不自然。」

「焦慮型也稱為矛盾型成人會發現別人不樂意像自己所希望的那樣關係親密。焦慮型成人經常擔心自己的伴侶不是真的愛自己，或者擔心伴侶

不想與自己在一起。焦慮型成人想與另一個人完全結合在一起,而這種願望有時會把別人嚇跑。」

「因此,你們每個人可以對照一下自己的依附模式,然後就不難發現自己為什麼要先說再見。在現實生活中,還有一種和先說再見類相對應的類型,那種人是不敢說再見的。每次面對分離的場合,他一定會悄悄地先離開。」李承軒說到這裡的時候,已經有不少人舉手表示贊同。

透過這個原理,陳逸藝對自己處理關係的模式有了更深的了解。她明白,自己在親密關係中會先說再見,但是在其他的關係中,卻是不敢說再見的人。記得她在大學畢業的時候,特別選擇了別人不在宿舍的時候離開。在工作中,她也不願意面對和同事之間的分離場面。每次有同事要離職,舉辦歡送會的時候,她總會藉故推辭不參加,或者是在歡送會上出現一下就離開了,從不會逗留到最後。因為她不能接受說再見時的傷感,久而久之對這樣的場面形成了一種逃避心理。

她想,人生畢竟就是一個分分合合的過程,沒有一個人能夠真正陪自己過一輩子。哪怕是有血緣關係的父母也不能,因為每個人都有一個最終的分離——死亡。所以,沒有人能真正躲得過分離時刻。也許,從這一次的活動中,當自己明白了自己面對分離的模式之後,以後自己就能做到坦然面對分離了。因為她知道,分離和相遇一樣,是生活中不可缺少的一個模式,逃避並不會讓分離從此消失。並且她感覺到隨著她對自我的不斷探索、完善,今後她已經成為一個有力量的人,已經完全具備了面對分離的勇氣。她相信,不管以後在生活中會遇到什麼樣的情況,她都可以坦然面對,處變不驚了。

第三編　生命中的貴人

生命中的貴人

　　在工作坊中，陳逸藝遇到一個讓自己很不舒服的女人。事實上那個女人長得並不醜，也很有學識，而且生得一副我見猶憐的樣子，在團體中很受照顧，尤其是來自男性的照顧。但是不知道為什麼，陳逸藝一看到她就會覺得不舒服，只要是她出現的場合，陳逸藝就會變得連話也懶得說了。她從來都沒有對一個陌生人產生過這麼大的反感，她不知道是出於什麼原因。於是她打算找李承軒討教一下。

　　她在樹蔭下找到李承軒，當她問起這個問題的時候，李承軒卻不直接回答，只是向她神祕地笑笑，說：「你問的這個問題在明天的活動中會得到解答。所以我現在不跟你討論，明天你自己慢慢去體會，會有更大的收穫。」

　　陳逸藝看到他那神祕兮兮的樣子，內心不由得更加好奇，卻也知道今天自己是一定無法得到答案了，於是就作罷。

　　晚上，她散步之後回到房間，同住的室友還沒有回來，於是她梳洗之後，拿出自己帶來的書躺在床上看了起來。翻了幾頁，看到一個叫做《床頭女像》的故事，內容大概是這樣子的：

　　有一個叫安積良齋的人，他的床頭無論何時都掛著一個女人的畫像，不但如此，他還隨時在畫像下供奉著珍奇果品。這是什麼原因呢？原來安積在年輕時曾經娶了一位妻子。他因幼年出過天花所以面貌變得非常醜陋，疤痕滿臉，像個怪物。那女人嫌他面目醜陋，忍受不了，終於和他離婚了。後來他又娶了一個女人，那女人也忍受不了他的醜陋，離他而去。

離婚之後，安積每每對鏡長嘆，痛苦萬分。但有一天，他突然明白了，一個人的價值在於心靈。身體的缺陷無法改變，但心靈是可以淨化提升的。於是他奮發努力，思索心志，後來拜在當時大學者佐藤一齋門下，以堅忍的毅力，刻苦用功，終於成為當時第一流的大學者。他把這一切歸功於那因嫌惡他而離他遠去的女人。

他想：「如果當初女人不嫌棄我，就不可能促使我奮發。我不能忘記她們的大恩。」於是他把女人的畫像掛在床頭，以表報答之意。

看完這個故事之後，陳逸藝心想，不喜歡自己的人可以成為自己的一種動力，那自己不喜歡的人是不是也可以這樣呢？想到那個女人，她自己都不免覺得好笑，這是她們第一次見面，以前從來沒有見過，她憑什麼不喜歡人家呢？難道是出於女人之間的妒忌嗎？想想也不可能啊，如果換作是以前，在她內心的自我並不強大的時候，她可能會因為自卑而去妒忌她，但是她現在已經很清楚自己的優點，也知道自己並不比她差，又何必去妒忌她呢？整晚，她就不斷思考著這個問題，卻也想不出一個所以然來。

第二天早上，李承軒帶領大家玩了一個遊戲，遊戲的名字叫「原來你也在這裡」。

在玩遊戲之前，他先提了兩個問題讓成員思考。第一個問題是：在自己過去的生活中，哪個人對自己的影響最大？第二個問題是：具體想想他是如何影響你的。

遊戲開始之後，他首先讓成員們圍成一個大圓圈，然後讓每一個人在這個小組中尋找一個讓自己覺得安全的人。找到對方的方式是憑著自己內心當下的感覺，用手指指向那個你認為安全的人。如果兩個人同時指向對

第三編　生命中的貴人

方,那麼,配對就是成功的,不成功的人,繼續尋找。

　　找到這個人之後,彼此用幾分鐘的時間來交流,說出自己選擇對方的原因。等他們彼此交流完畢,他又把這兩個人視為一個整體,讓他們繼續尋找另外的兩個人,結合成新的整體。然後,再用幾分鐘的時間交流彼此的想法,讓彼此的了解更加深入。他這樣做的目的,是為了讓成員們開啟自己內心的小牢籠,真正融入這個群體。

　　在活動的過程中,陳逸藝昨天看見的那個讓自己感覺不舒服的女孩子指向自己,但是她並沒有選擇她。因為她不知道如果兩個人配對成功,她該如何面對她。想到這裡她不由覺得,如果昨天李承軒願意告訴她原因就好了,那麼自己應該就可以坦然地和她相處了。

　　在活動過後,李承軒給每個人發了一張紙,讓成員們寫上自己覺得不那麼喜歡的人的名字,然後收藏好。而接下來幾天的任務,就是思考自己為什麼會不喜歡對方。他指出,成員對那個不喜歡的人,可以暗中觀察,尋找原因。

　　李承軒說:「想想看,這裡很多人是自己是第一次見的,那麼為什麼你會不喜歡他呢?憑什麼不喜歡他呢?這就是一個很有趣的問題,很值得研究。也許,他和你過去遇到的某一個自己不喜歡的人有相似之處。在過去當你遇到一個自己不喜歡的人時,你可能會選擇逃避,不去面對。但是這一次你要把這個人當作一個必須面對的人,當作一個必須解決的問題。因為這類人以後一定不會從我們的生活中消失,有可能你一轉身,就會再次遇到這類人。如果這一類人是和你不相關的路人甲,你可以選擇視而不見。但是萬一他和你的生活有著緊密的連繫呢?如果他是你的上司呢?或是你一個重要專案的合作夥伴呢?甚至是你另一半的至親呢?這就由不得

你選擇了。不過你還有一個選擇,那就是面對他。面對這個人的時候,要同時假定自己內心已經有了足夠的能量。這個時候你就會發現,結果往往是出人意料的。在你和他交往的過程中,你會找出你不喜歡他的原因,你會發現他代表了誰,如此一來,你將獲得成長。那麼反過來,他就成了一個幫助你成長的人,是你的貴人。雖然,整個過程有可能會讓你產生不好的體驗,但是,不良的體驗也是一種難得的體驗,對吧?」

說到這裡,眾人都笑了起來。

活動結束之後,陳逸藝中午沒有休息,而是窩在房間裡做作業。這作業並不是李承軒派的,她只是習慣了在每次的活動結束之後做作業。她覺得做作業既是一個總結的過程,又是一個梳理的過程,很有意義。

她按照自己的感覺,把工作坊裡所有的成員分成三類:第一類是自己覺得喜歡的,想要親近的;第二類是自己見了之後沒有什麼特別感覺的;第三類是自己見了之後會覺得不舒服的。

結果第一類的人有 8 個,第二類的人特別多,有 2/3,第三類的只有 3 個,其中就包括了那個女人。她現在知道了她的名字,叫林淑玲。

分好類之後,她拿出李承軒發給她的紙,開始回想林淑玲的模樣,並把她畫在紙上,寫上姓名。然後她拿上這張畫出了房間,到外面找了一個乾淨的地方坐下來。

坐下來之後,她把畫擺在自己的面前,就像是林淑玲正坐在自己的對面一樣,然後她很認真地說:「林淑玲,我確信我沒有見過你,但是不知道為什麼見了你之後,我就會產生不舒服的感覺。我在畫畫的時候,曾認真地想過原因,然後我總結了一下我不喜歡你是因為你和曾經的我是那麼相似。比如都是一副楚楚可憐的樣子,很容易就能夠得到男性們的照顧。

第三編　生命中的貴人

過去，我自己曾經因為渴望被愛，渴望被人關注，總是裝出一副楚楚可憐的樣子，希望獲得更多的愛。」

「今天，因為我已經懂得了自己愛自己，也懂得了怎樣去獲得真正意義上的愛，所以不需要再用過去的手段去獲得了。並且我現在會因為自己曾經用這樣的方式而感覺羞愧。因此，當我想通了之後，我知道我並不是不喜歡你，我只是不喜歡過去的自己，不喜歡看到自己過去是那麼軟弱和依賴。事實上，你就像擺在我面前的一面鏡子一樣，照出我的過去，讓我更加了解自己。接下來的日子，我想我不會再討厭你了，因為討厭你就等於是不接納過去的自己，這樣對成長是不利的。」

「所以，謝謝你，林淑玲。也許你永遠都不會知道此刻我內心的感覺，不會知道我曾經那麼討厭你，但是你卻幫助了我成長。我衷心地感謝你，並且祝你在這次的工作坊中也獲得成長。」說完這番話之後，陳逸藝覺得內心像是放下了一塊石頭一般舒坦，於是她回到房間躺了下來，好好地睡了一覺。

下午上課的時候，她主動過去和林淑玲打招呼並介紹自己。這時她才發現，其實她是一個很優秀的女孩子，表面雖然柔弱，但是內心卻非常堅強。了解她多一點之後，陳逸藝發現自己開始喜歡上這個美麗的女孩子了。到課程結束的時候，兩個人竟然成了無話不談的好朋友。

晚飯過後，她再次找到了李承軒。他正在一個清靜的小茶館裡喝茶，享受著茶館裡的音樂。

李承軒見到陳逸藝之後，說：「我想，你的問題已經解決了吧？」

陳逸藝笑著說：「你還真是料事如神啊。我今天中午花了一點時間，做了幾件事情。」

然後，她把事情的經過一五一十地告訴了李承軒。當李承軒聽到她對著畫像說話之後，一臉驚奇地看著她，並向她豎起了大拇指。陳逸藝沒有想到李承軒有這樣的反應，不由得十分驚喜。

李承軒說：「你這種方法應用得很好。在這個過程中，你透過模擬一個現場，重新調整了自己的認知，並很快找到了問題所在，實在很不錯。而且你剛才要說的那些話，對著真人的時候，還真的未必說得出來。因為真人站在你的面前，你就要顧慮她聽了你的話之後的感受，這樣一來你就沒有辦法淋漓盡致地表達了，效果就會有所偏差。很好，你用自己的辦法解決了自己的問題，我覺得非常開心，我就說你很有做治療師的天賦嘛。」

陳逸藝聽了之後，開心地笑了起來，說：「說不定有一天真的就加入這個行列了。」

李承軒說：「你找到了討厭她的原因，那找到了喜歡她的原因嗎？」

陳逸藝說：「找到了啊。她聰明、堅強、獨立、有愛心。」

李承軒說：「這些優點，好像你也有吧？」說完之後，他端起茶杯喝了一口，又神祕地笑了一下。

陳逸藝看到他那笑容，有些困惑，然後突然恍然大悟：「是啊，喜歡一個人，可能正是因為她的身上有自己的特質啊。」

李承軒大笑，說：「孺子可教也。不錯，正是如此。不管你是喜歡一個人，還是不喜歡一個人，他的身上都可能存在著與你共同的某些特質。」

陳逸藝說：「除了顯現自己的特質以外，有沒有不顯現自己特質的例子？」

李承軒說：「有啊。有可能對方顯現的是你喜歡的那個人的特質，所

第三編　生命中的貴人

以你也會喜歡她。比如她像你的母親，你會覺得她親切。但是如果你的母親給你的感覺是不喜歡的，那麼如果她像你的母親的話，你就不會喜歡她啦。」

陳逸藝說：「這次的工作坊，一邊旅遊一邊成長，還找到了生命中的貴人，真是超值。」

李承軒說：「那下次要多多參加這類的心靈成長課程，久而久之你就會變成心靈成長大富翁啦。」

說完這句話之後，兩個人不由得相視大笑起來。

六個人一張床

講臺上，李承軒正在針對現代婚姻侃侃而談，這是一家婚姻家庭雜誌邀請他來講的。臺下數百名觀眾聽得津津有味，包括陳逸藝。

現代社會中，隨著離婚率不斷增高，越來越多的人表示婚姻很難經營，兩個人的親密關係越來越難維繫，這是為什麼呢？這是因為現代人的價值觀和過去已經完全不同。以前的婚姻價值觀是單一的，但是現在隨著社會的進步，人們生活的多元化，婚姻價值觀連帶也發生了變化。

根據過去的社會文化，出軌是絕對不允許的，不單會遭到相關的懲治，還會遭到道德無情的譴責。而在現代社會，婚外情時有發生，甚至在有些人的觀念中，已經被視為正常行為。這和過去人們的價值觀是完全相悖的，也說明現代人的婚姻價值觀出現了變化，已是不爭的事實。

通常夫妻之間吵架，會說因為性格不合。性格到底是什麼？性格就是我們傳統觀念中所言的個性，個性的核心就是我們的態度，即我們對待自己的態度和我們對待自己與他人關係的態度。也就是說，性格不合其實就是在對待某一件事情上彼此的態度無法取得一致。

例如在教育孩子的態度上，如果先生認為「應該教育孩子具有正義感和道德感」，而太太卻認為「正義感和道德感教育不重要，只要他有好成績，以後找份好工作，能賺大錢就行」，兩者的價值觀就沒有得到統一，衝突是必然的。

除了價值觀衝突之外，還有家庭文化的衝突。什麼是家庭文化衝突呢？通常我們會看到在每個家庭裡面都有一種行為模式，比如甲家庭裡是妻子主導的，乙家庭是以丈夫為主導的。那麼這兩個家庭中長大的孩子，在性格方面肯定有所不同。他們的性格中，各自會帶著原生家庭生活模式的影子，而且這種模式將會被他運用到自己的新家庭中。因此，這種模式被不斷地循環再利用，這就是家庭文化。家庭文化也等於是血統，是可以在無形中被傳承的。

又如有兩個年輕人，戀愛的時候感情滿好的，但是結婚之後就開始不斷吵架，為什麼？因為彼此之間的觀念產生了衝突。在男孩的原生家庭裡，家事由妻子全部承擔，但是在女孩的原生家庭中，家事卻是由丈夫全部承擔的。他們把各自的原生家庭的生活習慣帶到新的家庭中，就很容易起衝突。因為在各自的潛意識中早就預設了那樣的模式，當這個模式要發生改變的時候，一定會有不適應的過程。表面看是兩個年輕人發生了衝突，其實是兩個家庭文化產生了衝突，他們都在維護自己原生家庭的模式。

一個人對自我認同的態度，通常受到家庭文化的影響。由於每個人的家庭動力不同，或是家族動力不同，自我認同的態度也會有所不同。如果

第三編　生命中的貴人

夫妻雙方對對方的原生家庭不夠了解，或者是無法接受，那麼，也是產生衝突的根源。

有一對夫婦因為爭吵產生了離婚的念頭，但是又覺得捨不得，於是決定找婚姻諮商師諮商，看是否有挽回的餘地。

爭吵的起因很簡單，先生執意要回老家蓋一棟房子。事實上他們已經在城市裡安家多年，有了屬於自己的房子，回老家居住已經是不可能的。雖然父母還在老家居住，但是他們年事已高，太太已經打算接他們過來一起生活。因此認為這樣做很沒有必要，蓋了房子到時候沒人住，等於浪費錢。但是丈夫對蓋房子的事情十分堅持，太太對他的堅持無法理解？

他們找到諮商諮商師時，諮商諮商師用文化治療理念處理這個案例，追溯家庭文化根源直至祖父輩，發現先生出生在一個貧窮的家庭，其他的家族成員都瞧不起他們一家人。因此，這個家庭是一個低自尊的家庭，也就是說這個家庭在家族中的地位是比較低下的，那麼在這樣的家庭中成長的孩子，多數是低自尊人格，通常擁有自卑心理。但是這樣的孩子往往有出人頭地的慾望，通常在成年之後會很努力，並能成功。因為這種人的身上往往有一種原始動力，這個動力來源於他的家族。成功的實現，其實是為了整個家族做的，這可以用兩個詞語來說明，那就是衣錦還鄉和光宗耀祖。

所以，建造房子其實是在建造自己的自尊，房子是否住人不是最關鍵的，因為房子不過是一個象徵。最關鍵的是，他終於完成了家族的願望，出人頭地了，家族的地位會因此而得到提升，他可以告慰祖先的在天之靈了。房子的另一層作用，就是可以消除他內在的自卑感，重新建立更多的自信。

當太太完全了解了先生的家族情況之後,她不禁眼眶含淚,終於明白先生為何而堅持了。過去由於不了解這些,所以無法理解丈夫的行為,因此才產生嚴重的分歧,最後差點導致離婚。想到這裡,太太忍不住和自己的先生抱頭痛哭。在接下來的日子,太太開始主動張羅蓋房子的事情,最終幫助先生完成了自己的願望。

透過這個案例可以看到,家庭文化對一個人的影響是多麼重大,並且直接影響著他日後組建的家庭。

兩個人在一起組成了一個新家庭,表面上看是兩個人的事情,實際上並不是那麼簡單。他們是帶著自己的家族文化和對方一起生活的。因此只有彼此了解之後才能彼此理解,彼此理解之後才有可能彼此接納。當彼此接納之後,對方原生家庭的家庭文化就不會成為新家庭的障礙。

如果你對你先生的家族史還不是很了解,那麼你有這個義務去了解。因為不只是你,以後你的孩子也會生活在這個家族當中,成為其中的一員。問題如果在你這一代沒有得到解決,彼此的文化沒有整合,那麼對孩子的成長是很不利的。孩子如果成長在一個和諧的家庭文化裡,他們不會因為自己要偏袒哪一方而苦惱,也不會在不得不做出選擇之後自責內疚。無論父母怎樣對待孩子,只要他們是一致的,哪怕只是一致的懲罰方式,孩子都能理解和接受。少了內心衝突更利於孩子的心理健康成長。

聽完李承軒這場講座,陳逸藝也萌發了了解自己家族的念頭。於是,她按照李承軒所說的方法,畫出了自己的 7 個家庭,分別是她成長的家、媽媽成長的家、爸爸成長的家、爺爺成長的家、奶奶成長的家、外公成長的家、外婆生長的家。

在畫畫之前,她才知道自己對於家族的歷史了解得非常少,於是一有

第三編　生命中的貴人

空就拉著父母，讓他們講自己生長的家庭和他們知道的祖輩生長的家庭。看到她神祕兮兮的樣子，父母都覺得一頭霧水，卻敵不過她的糾纏，終究是說了給她聽。畫畫的時候，她就憑著聽來的資料加上自己的理解去構圖。

她畫畫之前做那麼多的工作，無非是希望透過了解自己的家庭文化能更多地了解自己。畫完之後她才發現，其實一個新家庭的組建遠遠不是表面看到的那樣簡單。從表面看來，新家庭無非就是兩個單身的男女結合在一起，脫離了自己的原生家庭，開始新的生活。但是透過這些畫，就會發覺其實共同生活的，並不止是兩個年輕人。事實上，他們的祖輩也和他們一起生活在同一個家庭裡，他們隱含在家庭文化裡被兩個年輕人從原生家庭帶進了新家庭中。直到這個時候，陳逸藝才明白李承軒說的六個人一張床的意思。

想到這裡，陳逸藝覺得很奇妙，同時又覺得可怕。自己經歷過三次失敗的婚姻，最早以為是個性不合的原因導致婚姻破裂，接受心理諮商之後，終於明白這是由於自己內在小孩還沒有完全成長所造成的。到了現在她才知道，事實上婚姻的破裂和一直隱祕地生活在他們家庭中的幾個長輩有關。雖然這些長輩沒有直接地在他們夫妻之間挑撥離間，但是看不見的伎倆更加可怕。

晚上，她翻閱相關的心理學書籍時發現一個相關的案例，使她受到很大的啟發。

某個家庭中有兩個孩子，女孩 11 歲，男孩 9 歲。父親是石油公司的高級技術人員，經常去中東出差，母親是家庭主婦，外公外婆和他們一起生活。每當父母有爭執的時候，外公外婆就會參與，一起指責父親。

孩子在家庭戰事中通常充當夾心餅乾的角色，她不知道自己的父親是否真的像媽媽和外婆說的那樣不好，她內心覺得父親母親一樣好，但是和母親在一起的時候，她不敢表達，怕母親生氣。同時，聽到她說父親不好的時候，她也被影響了。這讓她對父親產生了自責。

有一天父親回到家之後，聽見女兒在外面大叫了一聲，急忙跑出去看，發現女兒在玩耍時不小心掉進了水塘裡，於是他下去把女兒救了上來。之後，孩子出現了半邊身體癱瘓的症狀，為此父母很著急，去各大醫院檢查，卻沒有發現任何疾病。有醫生建議轉診心理科，於是他們帶著孩子找了一個有名氣的心理醫生。

醫生了解他們的家庭模式之後，提出 3 點建議：

第一點，請老人家退出這個家庭的董事會，這不是說讓他們脫離這個家庭，而是他們繼續留在這個家庭中生活，他們可以愛這個家庭、幫助這個家庭，但是沒有這個家庭的經營權和管理權。這個建議徵得了老人們的同意，在未來的幾個月內他們對家庭事務，均不再做出任何評價。

第二點，心理醫生告訴這對夫妻，他們的蜜月期雖然過去了，但是可以創造第二蜜月期、第三蜜月期。只有這樣，夫妻的感情才能一直維持。隨著家庭結構的變化、孩子的成長，可以重新調整自己的心態，重新開始一種新的戀愛模式，重新思考自己的婚姻和兩個人的感情，這就是第二蜜月期的重建。

第三點，讓夫妻雙方分別單獨照顧女兒一週，然後每個星期在交接的時候開家庭會議，談一談在照顧女兒的過程當中自己的感受。

第一次的家庭會議中，父母雙方都提到相同的觀點，就是照顧小孩子很辛苦、很麻煩、很累。小女孩終於發現了父母統一觀點的時候，發現他

第三編　生命中的貴人

們可以說一樣的話，有一樣的態度。在父母對待家庭、對待孩子、對待對方的態度終於統一的時候，孩子的內心不再有內疚和衝突了。治療到第 11 個月的時候，這個孩子終於恢復正常。最後，父親辭去了石油公司的工作，用一年的時間帶著家人一起去旅行，這一年時間裡，他們建立了新的家庭模式，夫妻的關係回到正常軌道，孩子的心理健康明顯好轉。

這是一個典型的癌症案例，事實上是那個內心有自責和內疚的小孩透過自己的身體來表達希望這個家庭和好的願望。因為病了之後，父母會共同照顧自己，一起愛自己，不再分裂和爭吵。

看到這個案例之後，陳逸藝想起自己小時候經常發燒的事情。那時候父母親的關係也很緊張，猜想自己也是出於這個原因，呈現出軀體化的症狀。結合自己的實際情況，她對於體化症有了更加深入的了解。

她仔細地回憶自己的女兒曉媛的成長過程，雖然不曾發現有很明顯的體化症，但是在曉媛剛給母親帶的時候，十分嬌縱，動不動就哭，讓陳逸藝曾經十分煩惱。那時，母親因為疼惜曉媛從小就與父母分離，對她簡直千依百順。只要是她提出的要求，不管合理還是不合理，母親都會盡量去滿足孩子。陳逸藝覺得母親的這個教育方法對孩子並無益處，於是每當遇到這種情況都會當面訓斥曉媛，希望糾正她的行為。

陳母如果在場，立刻就會流露出偏袒的神色，曉媛雖然小，但是已經很懂得察言觀色，知道外婆是向著自己的，於是馬上就會跑到外婆身邊大哭。陳母見狀心痛，就埋怨陳逸藝不近情理。就這樣陳母變成了曉媛的保護傘。

後來，陳逸藝為了此事特意開了一個家庭會議，跟母親表明自己的教育理念，並提出如果大家的觀點不能統一，那麼曉媛以後將跟自己生活。

在那次的例會上，陳逸藝得到了陳父的大力支持，陳母見到自己的丈夫和女兒說的也不無道理，於是逐漸地改變了對曉媛千依百順的態度。曉媛也慢慢地變得更加懂事了，並且相對獨立了。

　　由此看來，讓老人家過多地參與家庭事務並不是一件很好的事情。最好的做法是讓長輩退居二線，而接納新的成員，也就是說讓孩子逐漸地參與家庭事務。孩子其實也應該被視作家庭成員之一，可惜很多家庭都做不到，包括自己。或許自己以後可以改變這種模式。

兩個對我恩重如山的人

　　週三，活動開始之後，莊令揚說：「應在場很多媳婦的要求，我們本週進行一個貼近生活的主題，討論一下怎麼處理好家庭裡面的婆媳關係。大家都知道，婆媳關係已經是千年的話題，但是卻一直得不到解決，這是為什麼呢？有哪位成員願意先來分享一下自己的故事？」

　　此時，只見曉芳已經迫不及待地把手舉了起來，莊令揚於是讓她講述自己的故事。

　　「前幾年，我的孩子剛出生時，婆婆來住了一段時間。因為新舊觀念的差異，我們和婆婆之間就有很多意見不一致的地方。這些不同表現在各類生活小事中，比如帶孩子方面，還有該是男人做還是女人做家事。婆婆很愛我先生，我先生還小的時候，她不讓他做任何的家事，哪怕是他力所能及的。但是在我們家裡，家事是約定共同分擔的。」

第三編　生命中的貴人

「孩子出生之後，因為我要照顧孩子，所以先生就做得多一些。婆婆這個時候就覺得心疼了，開始說我不愛惜自己的先生，使喚他。其實，我先生對做家事是沒有任何意見的。一開始成立家庭的時候，雖然他對於做家事很不習慣，也不懂，但是慢慢地，他在幫我做家務的過程中，也覺得自己既然成了家庭的一分子，那麼承擔家務也是很應該的，於是逐漸主動承擔了一部分家事，並且成了我們之間不成文的約定。可是婆婆就是看不慣，私底下跟先生說了好幾回，讓他別再做了，給我做。我當時真是委屈啊，自己要帶小孩，哪裡有那麼多時間做家事呢？而且先生本來就是出於自願的嘛。她不稱讚自己的孩子結婚之後變得有責任心，倒怪我這個媳婦不懂得做人。」

「為了不使先生覺得為難，我把委屈都裝進了肚子裡，裝作無所謂的樣子，結果過了不久，我患了中度憂鬱，開始和先生過不去。婆婆沒來之前，我們之間相處挺融洽，關係一直非常好。她來了雖然沒多久，卻把家裡搞得烏煙瘴氣。我心裡直恨她，於是漸漸開始用語言頂撞、反駁她了。」

「先生覺得我不應該這樣，有什麼事情應該好好商量，而不應該似潑婦罵街一樣的蠻不講理。於是我就跟他講道理，我說就算按照家鄉的風俗，家事也不完全是女人一個人的事情，夫妻雙方都有共同承擔的責任。更何況我本身也有工作，不是專職的家庭主婦。既然我共同承擔家裡的經濟，你為什麼不能共同承擔家裡的家事呢？」

「先生聽了之後，認為我這樣說也是有道理的，於是把這個觀點轉達給婆婆。也許是因為溝通的時候沒有注意好，說出來的話讓婆婆感覺他是娶了媳婦忘了媽，於是直罵我不好，把她的兒子帶壞了，才結婚一年就不認她了。然後她提出要回老家，說什麼也留不住。」

曉芳說到這裡，無奈地笑了一下，然後繼續說道：「每年到了春節，我們都會回老家過年。回到老家的時候，可能因為愛屋及烏，她對我倒也沒有什麼不好的地方。也許是經過時間的沖刷，她覺得她對我的那種隔閡已經消失了。平時我也會寄東西回去給她，也許因為這樣，她對我改變了看法，於是關係慢慢開始好了起來。」

「後來，隨著三弟的媳婦進門，她又覺得三弟媳好、我不好了。因為三弟媳在家裡什麼都做，什麼都不用弟弟做，簡直就跟她對待她兒子的模式一樣。於是她逢人就說三弟媳多好多好，還專門挑我在場的時候說，弄得我很尷尬。我先生有時候看不下去說了她，她就哭。本來很好的關係後來又鬧得挺僵的。」

「過了兩年，我們每年都接她過來住一段時間，一來是盡孝心，二來是希望她多感受城市裡的觀念和氣氛，好改變過去舊的觀念，和我們兩個年輕人好好相處。經過幾年的時間，她還真的把觀念改變了，她自己還做了一個很有意思的分類，她把我歸為職業女性類，把三弟媳歸為持家女性。她說職業女性因為要工作，要養家餬口，所以少做一點家事是正常的，而家庭主婦因為不用參與養家餬口這件大事，所以應該承擔所有的家務。不管怎麼樣，她把我們分類之後，還真的不再糾纏誰做家事的問題了。現在我們相處得很融洽，我算是苦盡甘來了。」

說完，曉芳不由得用手抹抹眼角，拭去即將流出的眼淚。

眾人聽完她的分享，都不由自主給她熱烈的掌聲。

沉默了一會兒，劉大偉也說道：「剛才我們聽了一個成功的個案，現在我想談一個失敗的個案。這是我的親身經歷。我先談談我的第一個女朋友，我們在一起生活了一年，當時沒有和父母一起住。我們有自己的生活

第三編　生命中的貴人

方式,過得很開心。但是後來因為母親身體不好需要照顧,於是我們搬回去和他們一起生活。搬回去之後,這種和諧就被打破了。我女朋友的性格比較要強,我母親的性格也差不多,兩個人相處沒多久就產生了矛盾。剛開始的時候,我還很有耐心地充當和事佬的角色,但是我慢慢地發現,和事佬很難當。一邊是自己的母親,一邊是自己心愛的女人,手心是肉,手背也是肉,讓我幫誰好呢?偏袒哪一方都會讓我心裡過意不去。」

「幾經權衡,我產生了這樣的一種觀念 —— 父母生下自己之後將自己撫養成人,吃了不少苦、受了不少累,自己應該好好地報答他們。而且他們現在年紀都大了,還能在世上活幾年都不知道,而我和女朋友還年輕,這段時間我先虧待她,以後再加倍補償。因為這樣的觀念,我慢慢開始偏袒我父母這一邊,我的女朋友當然受不了,他們之間的關係惡化到無法挽救的地步。於是我們又搬出去住了。我原本以為搬出去之後就萬事大吉了,但是後來又產生了一個新的矛盾,就是我的父母盼望著我時常回家去看看他們,而我的女朋友卻希望我長期陪伴在她身邊,不希望我離開。就這樣,直到我後來再也受不了,放棄了這段感情。」

「現在我又開始了一段新感情,現任女朋友的自身條件很優越,生活方式和我們格格不入,包括我自己也很難融入她的生活方式,更不要說我的父母了。於是父母經常會在我的面前評價她,說她這樣那樣不好,讓我心裡很煩,現在又想要放棄了。我就覺得一個家庭裡面,如果婆媳關係不好,那個兒子是全世界最悲慘的人了。」

聽了他的故事之後,陳逸藝覺得這個人又可憐,又可恨。可憐的是他現在遭受著巨大的心理痛苦,可恨的是他只懂得逃避,而不懂得去尋找一個更好的方式來解決問題。

莊令揚說：「聽了劉大偉的故事之後，大家有什麼感受？」

陳逸藝說：「這個實際上是家庭的關係模式文化認知或價值觀衝突的問題，以生活方式衝突的模式表現了出來。衝突就是不接納，不接納對方的價值觀或是文化模式，表現出來就是不接納一個人。這是什麼原因呢？那是因為在背後支持我們的是某種價值觀念，而不是某種行為，價值觀念導致的行為就是意識形態的問題，而不是具體做什麼的事情。這時候的意識形態是什麼呢？那就是長輩總會認為，你進了我們這個家，你要接受我們這一套。而不是認為，你進我們這個家，你的行為模式我們要接受。」

美心說：「其實我覺得在愛情關係裡面，生活方式越多樣越幸福，為什麼這樣說呢？不一樣才有意思，才豐富多彩。就好像兩個人交流雜耍一樣的，我會的你不會，你會的我不會，才有新鮮感、才有看頭。為什麼非要一樣呢？」

蕙蘭說：「根據我的理解，我們是在儒家文化的薰陶下生長的，儒家主張的『仁愛』是一種有差等的愛，其中『親親』之愛最真實，最濃厚。也就是說，愛的產生以血緣為基礎。父母是有血緣的，妻子是沒有血緣的，從另一個角度來說，是外人。因此在家庭糾紛中，往往很容易被長輩在意識上排除在外。你想不被排除在外，唯有遵從這個家庭的規則，成為其中的一員。你不願意遵從，那麼她永遠都不會把你當成自己人。」

曉芳說：「這實際上就是新舊兩代女主人為了爭權奪位而產生的相互博弈的過程，這是一種內心的博弈用行為方式表達出來。有這樣一句話，媳婦熬成婆，好了傷疤忘了痛。婆婆當年當媳婦的時候，也是這樣過來的。她自己當年深受婆媳之戰的苦，可是當她熬成婆婆後並沒有體恤做媳婦的處境，好好對待她，避免讓她遭受自己當年的苦，而往往還是以家庭

第三編　生命中的貴人

女主人的身分來對待她。這應該是一種潛在的報復行為，未必是針對媳婦的，但是卻透過婆媳關係表現出來了。」

莊令揚說：「你們說的都很有道理，這其實就是一種心理博弈的過程。為什麼會出現這種心理博弈現象呢？現代人在成長的過程中從不舉行成人儀式。因為缺少了這個儀式，父母在心理上和孩子並沒有告別。他們沒覺得你長大了，而是無論你長到多大，30歲、40歲，還是50歲，在他們的面前你都是一個孩子，在心理上，他們沒有把你當作成人。古代的冠笄之禮是傳統的成人儀禮，它對個體成員成長的激勵和鼓舞作用非常大。古代人非常重視冠禮，所謂『冠者，禮之始也』。成人儀式舉行過後，就表示他已經長大了，獨立了，有承擔責任的能力了，父母便不再負責管教他、約束他了。現代因為缺少這樣的儀式，讓父母對孩子成長的認知不明確，於是關係就很容易出現混亂。」

「一個男人的成長必須經過三段路程：第一段路程，未成年，母親陪伴自己成長。這個時候他和母親的關係是親密依附的關係，也就是說他可以用親暱的動作來表達對母親的愛，並且不會受到別人的嘲笑。」

「第二段是成年之後，經營自己的戀愛婚姻，此時，他會有自己的家庭，母親已經不是主要的陪伴對象。親密依附模式也轉換成親情依附模式。而這個時候是一個關鍵期，也就是說他把原本屬於母親的親密依附轉交給妻子，這個交接工作如果沒有做好，對於處理婆媳關係就完全沒有幫助。曾經有過一個案例，在某個偏遠的鄉村中，一個男人結婚之後，他媽媽還把兒子拉到自己的房間裡睡，不讓他和自己的太太在一起。為什麼會這樣？就是沒有透過一個形式來告訴她，她對兒子的照顧工作已經結束了。這就像工作職位的交接過程，一定要互相交代清楚，弄清責任的歸屬。」

「第三段是成婚之後，三個人互相陪伴的過程。所以我建議在訂婚或是結婚儀式上，當媳婦的最好給婆婆寫一封感謝信，並且當著眾親友的面讀給婆婆聽。感謝她辛辛苦苦養育了這樣一個優秀的男子來陪伴你、照顧你，感謝她為你的孩子培育了一位好的家長，讓他今天有能力去撫養將來的孩子，感謝她的接納，讓你成為家族中的一員。有了這樣的儀式之後，做母親的內心再有不捨，也會默許。並且這個儀式等於是直接宣告婆婆從兒子的家庭中正式隱退，媳婦從此成為兒子家庭的新女主人，這是一種心理上的隱退，並無須透過具體形式表現。最好婆婆也寫一封表示接納媳婦的信。兩封信都寫完之後，保證那個男人會過得很幸福，一定不會夾在這兩個女人之中受氣。」

劉大偉問：「這個時候，男人什麼都不用做嗎？」

莊令揚笑著說：「這個時候你要做的事情就是站出來說：感謝這兩個對我恩重如山的女人，她們一個陪伴我成長，一個陪伴我走未來的路。感謝你們，你們都辛苦了！」話音剛落，眾人哄堂大笑。

莊令揚說：「你們別小看這兩三句話啊，這可起著至關重要的作用呢。鑑於每個人家庭文化、教育背景、人生經歷的不同，還有一個關鍵是個人的微妙心理要得到滿足。這個微妙心理就是一個人在另一個人心中的比重。所以讓男人做出這個表達，說明她們兩個對自己同樣重要，媳婦會因為知道自己的地位和婆婆一樣重要而得到滿足，婆婆也會因為自己還保留著地位而不覺得失落。」

曉芳說：「看起來婆媳關係也是一門高深的學問啊。說實在的我現在就算能夠和我婆婆相處得好，也是因為大家互相遷就。今天我才真正明白，要真正發自內心地彼此接納，還是需要很多努力的。」

第三編　生命中的貴人

　　曉芳這句話讓陳逸藝想到了何敏華，前幾天她就因為自己的婆婆對她有成見而向她大倒苦水。一邊埋怨丈夫不支持她，一邊又埋怨婆婆不願意改變過去的觀念。如果，她今天能夠參加這個討論會，也許就不會這樣想了吧？也許，自己應該找個時間和她分享一下這個討論會的內容，向她轉述各個成員不同的觀點，說不定能幫到她解決當前的問題。

第四編
家族的夢

第四編　家族的夢

不要期望太陽像你希望的一樣升起 ●●●●●●●

　　何敏華知道陳逸藝也很喜歡旅遊，於是告訴她自己打算在清明連假期間去花蓮旅遊，問她有沒有興趣一起去。陳逸藝一聽便興致勃勃地答應了，本來還想約林鳳的，但是因為她放假時要陪先生回鄉下探望婆婆，不能和她們一起去旅行。

　　出發當天，她們到車站時已經是早上九點多鐘，因為放連假，到處人山人海。於是兩個人分工合作。何敏華的個頭矮小一點，容易鑽空隙，負責買票。陳逸藝留下來看著行李。

　　何敏華買好車票買的時候已經累得氣喘吁吁，她說：「唉，簡直就像打仗。」

　　她們乘坐的是開往花蓮的火車。車上空調並不強，車廂中萬頭鑽動，空氣中混雜著各種味道。耳邊還不時傳來孩子的哭鬧聲、家長的教訓聲，簡直就像一鍋沸騰的粥。

　　看看車廂內的乘客，他們像是已經完全適應了這趟旅途，所以儘管周圍的情況雜亂，他們卻依然神態安詳，睡覺的睡覺，閒聊的閒聊，誰也沒有閒著。

　　列車很快就到了花蓮站，她和何敏華扛著行李，隨著人流下了火車。

　　在來之前，陳逸藝曾上網查詢過太魯閣的相關資料。此刻來到步道入口下，看到群山與峽谷、懸崖的實景，才真正領略到大自然的風采。

　　正在走神時，何敏華已經遞過來一根枴杖。陳逸藝問：「我們拿這東西幹嘛？」

何敏華說：「登山的時候，你就知道這個是拿來幹嘛的啦。喏，看看那些下山的人。」

陳逸藝扭頭一看，那些三五成群的下山遊客，幾乎每個人的手中都拿著一根枴杖。當他們步行的時候，臉上都帶著複雜的表情，似疲憊卻滿足。

陳逸藝看在眼裡，跟何敏華說：「看起來，爬這條步道不是一件容易的事情。」

何敏華說：「可不是。」

陳逸藝下意識地掂了掂手中的枴杖，一面覺得滑稽，一面又覺得以前自己認為只有老人才需要拐杖的想法太絕對了。透過這一次經驗，她總算明白在不同的環境之下，人們會有不同的需求。

爬步道的行程有許多路線可以選擇，其中通往看日出的最佳地點剛好是難度較高的一條路線，雖然兩人健行的經驗不多，，但是兩個人都覺得，既然這次是來看日出的，那麼看日出就是最大的目的。所以，無論怎麼艱難都要試一試。於是兩個人精神抖擻地出發了。

現在是旅遊旺季，這段時間又是看日出最好的時間，所以一路上遊客絡繹不絕。一路上，她看到很多不同年齡層的人，有充滿朝氣的小孩子、有花甲老人，甚至還有一對夫婦帶著剛剛蹣跚學步的孩子也來湊熱鬧。

步道來回需要三個小時多的時間，兩人一路走走停停，雖然覺得疲憊，卻依然堅持著往前走。為了保持體力，兩個人很少說話。

陳逸藝一邊爬山，一邊欣賞著沿途的風景。腿部肌肉因為過度運動而繃得緊緊的，她在停下來喝水的時候，回頭望望落在自己後面5個石階的何敏華，只見她埋頭向上走，完全沒有留意到她已經停了下來。

第四編　家族的夢

　　突然，陳逸藝的心中升起一個惡作劇的念頭，於是她一聲不吭地站在原地不動。果然，沒過多久，來到她面前的何敏華一下子撞到她的身上，何敏華嚇了一大跳，猛然抬起頭來。

　　陳逸藝看到她那愕然的表情，不由得放聲大笑起來。這一笑把身上的疲憊感驅散了不少。

　　何敏華說：「都不知道還要多久才能到，我累死了，我們停下來休息一下吧，喝點水，恢復一下體力。」

　　陳逸藝聽了她的話之後，順勢在石階上坐了下來，兩人不由自主都發出一聲滿足的嘆息。

　　何敏華說：「你說我們這是在幹嘛，放著簡單的路線不走，非要逞英雄選一條難的，把自己累得半死，簡直就是遭罪。」

　　陳逸藝說：「話雖如此，但是我們總算是一步一步走過來的，這份感受那些選擇輕鬆到達的人是沒有的。」

　　這個時候，不斷有人從身邊走過，看到她們這樣坐著，都不禁友善地笑了起來。這時候，有一個十來歲的小朋友上來了，陳逸藝看著他，這個小傢伙顯然把他的父母拋在後面了，她對他笑了笑，說：「加油啊，小朋友。」

　　小朋友望了她一眼，不好意思地快步從她身邊走過去了，何敏華看到之後，笑了起來，對陳逸藝說：「真是後生可畏啊，我們都老啦。」

　　陳逸藝說：「我們的身體是開始老了，但是我們的心卻年輕著呢。」

　　何敏華說：「這句話說得沒錯，就衝你這句話，說什麼我們也得登上山頂。」

　　陳逸藝說：「可不是。走，我們繼續。」

重新上路之後,兩個人一路上說說笑笑,顯得沒有那麼困難了,終於在兩個小時之後,到達了目的地。

陳逸藝說:「這個時候,我想起了一句詩。」

何敏華說:「喂,讓我想想,一定是詩聖杜甫的『會當凌絕頂,一覽眾山小』。」陳逸藝聽到之後,笑了起來,大讚何敏華聰明。

此時,何敏華突然指著前面說:「看,百合。」

陳逸藝定睛看去,只見前面的山坡上,開滿了野百合,那一朵朵的百合,正飄逸著香甜的芬芳,把她的思緒一下子帶回了童年那一段青澀又快樂的時光中。

她看著那些白色的花瓣說:「4歲開始,我在外婆家住了兩年。外婆的家門口就種了兩株百合。每到春天,百合花開的時候,外婆就會帶我去賞花。那個味道,我至今都忘不掉。」

何敏華說:「童年的回憶總是那麼美好。你看,前面剛好有間餐廳,我們去吃一頓好的,把剛才消耗掉的全部補回來。」

因為勾起往事而感到的些許憂傷,因為一旁的好友打鬧消散了不少,內心不由覺得一陣溫暖,又想起了一句俗語:「白頭如新,傾蓋如故。」雖然這句話用在她和何敏華身上並不那麼恰當,但是她們之間的相知相惜的確是在最近才有的。不管怎麼樣,人生在世能夠有一個了解自己的知心好友,總是一件幸福的事情。

兩人來到餐廳坐定,早已飢腸轆轆,於是都毫不客氣地大快朵頤。陳逸藝咀嚼著久違的美食,不禁內心充盈著溫暖幸福。

用餐之後,兩個人收拾心情,向著目的地出發。此時,下山的遊客變得越來越多。迎面而來的陌生人見到她們上山,總會露出會心的微笑,這

第四編　家族的夢

　　種微笑帶著無形的鼓勵，讓她們覺得突然之間像是多了很多源源不斷的動力。

　　路程漸漸變得陡峭，因為前面的路程消耗了大量精力，二人都感覺有些累，速度開始放緩，並不時地停下來休息。

　　坐下來之後，回過頭才發現原來自己已經走了不少路，此時還能隱約見到山底有人上山。陳逸藝坐在石階上，望著來時的路，就像是在回望自己的這一生。

　　過去發生在自己身上的一切，也像這些路一樣曲折迷離，走的時候也是歷盡艱辛。但是當她回首，發現自己已經走在了一些人的前面，又感到很慶幸，慶幸自己曾經走過這樣的路程。正是這樣的路程，引領著她不斷地向著自己的心邁進。過去的一切都將成為她寶貴的財富。

　　快到達終點時，山體變得更為雄偉壯觀，處處能夠感受到大自然散發出來的宏偉力量，這個時候她們才發現，原來自己是那麼的渺小，微不足道。

　　此時，身旁一對夫妻引起了她們的注意，這是一對年過八旬的老人。只見他們相互攙扶著，一步一步向前走。這段路年輕人尚且覺得艱難，卻不見這對八旬老人有絲毫難色。

　　陳逸藝望著那一雙緊緊握在一起的飽經風霜的手，聽著那兩根枴杖篤篤敲擊著地面的聲音，一種似羨慕又似感動的情緒從心底油然而生。

　　她想：「到了我80歲的時候，誰會陪在我的身邊呢？到了我80歲的時候，我會不會也有這樣的毅力和勇氣來走步道呢？」

　　就這樣，走走停停，很快就走完了。走完之後才發覺，這路也沒有想像中那麼艱難和遙遠。但也許，當我們用欣賞的眼光來看周圍的世界的時

候，再艱難的路程也會變得有趣。

晚餐的時候，兩個人點了一瓶啤酒，相對喝著，談著最近自己在生活上遇到的煩惱。陳逸藝聽了何敏華的故事之後，想起一句老話「家家有本難唸的經」。這個世界，過得不如意的並不是只有自己。

難道因為那些不如意的事情就要怨天尤人，甚至放棄整個生活嗎？事實已經證明，如果自己放棄就會一無所有。相反地，如果現在開始努力，那麼一切都還來得及。想到這裡，她不由得開始想念遠在家中的父母和孩子，此時，她真切地感覺到了自己以前很少有的牽掛之情。

看看何敏華，她剛才因為被勾起了傷心的往事而大哭不止，哭累了，就倒在床上睡著了。陳逸藝過去幫她蓋好被子，把燈關了，躺在床上很快也進入了夢鄉。

凌晨4點，朦朦朧朧聽到飯店人員在叫喚，於是兩個人匆匆忙忙地起來，穿上大衣，往山頂出發。由於昨晚的疲憊還沒有完全恢復，奔到山頂的時候已經氣喘吁吁。站定之後，兩個人找了一個地方坐下來，等待著日出。

此時天際依然可以看到一些星星，在朦朧中閃閃爍爍。此時，坐在周圍的人漸漸多了起來，他們開始不斷地交談，有些人因擔心看不到日出而滿懷憂慮，有些人則認為一定可以看到日出，滿懷期待。

陳逸藝倒沒有覺得這一趟旅程如果不能看到日出的話有多麼可惜。她覺得自己能夠徒步走到終點已經很了不起。於是她靜靜坐著，等待著，看著天邊那一抹深藍逐漸變得明亮。她全心地享受著這個等待的過程，這個時候，太陽是不是會升起來，好像已經變得不太重要。

她在乎的是在這一個清晨，享受著從大自然裡釋放的氣息將自己緊緊

第四編　家族的夢

　　包裹的感覺。這個時候沒有世俗的紛爭，沒有愛恨情仇。這個時候，她覺得自己就是大自然的一部分，就是這個清晨的一部分。她的內心有一種從來都沒有過的純淨，彷彿是一面明鏡一般，一塵不染。

　　突然，人群中發出一聲歡呼，定睛一看，在遙遠的天際，太陽已經隱約可見，此時陽光並不明亮，色彩也不燦爛，甚至帶著一點黯然，但是卻分明可以感受到生命萌動的力量。這一刻人群突然安靜了下來，大家都屏氣凝神，似乎都被這神奇的自然景觀所征服。

　　看著那已經完全顯現在天空中的太陽，她不禁想起剛才擔心看不到日出的人。這些人，如果這一次看不到日出，是不是就會整天悶悶不樂，甚至覺得整個行程都沒有意義呢？但是，他們卻不知道，太陽是不會因為要滿足我們的願望而升起的。也就是說，我們不能要求太陽因為我們的願望而升起。同樣，在我們的生活中，也會發生很多與我們的願望不相符的事情。比如，她渴望有一個對她很好的男人、一個幸福的家庭，但是當這些願望還沒有實現的時候，難道她就有權利去怨恨這個世界嗎？怨恨這個世界，只會讓願望離自己越來越遠；相反地，當她能夠像今天等待日出一樣抱著平常心對待的時候，一切就會變得容易接納。

　　人生就像一段旅程，在這段旅程中，你會看到什麼樣的風景，完全取決於你的心態。過去的自己不懂得這些，不斷地在情緒和事件中糾纏，不斷地追趕，耗盡了精神也浪費了時間，但是內心卻依然空泛，一無所得。今天，當自己放慢了腳步看著周圍的時候，才發現風景一直在自己的眼底，一直在自己的身邊。生活和生命一樣，都有自己的規律，當我們去漠視這些規律的時候，我們並不能更快地得到我們想要得到的，相反地，會失去得更快、更多。

想到這裡，她不由得跟身邊的何敏華說：「以後，我一定要做到每做一件事情都要問問自己的內心。」

何敏華不解地問：「這有什麼奧祕嗎？」

她神祕地笑了一下，說：「這個嘛，以後慢慢地告訴你吧。」

給自己判刑的人

原來寫日記是會上癮的。每天回到家，吃完晚飯，收拾好家裡，陳逸藝都迫不及待地一頭栽進她的小書房，拿出已經寫了厚厚一大本的日記，急切地寫下當天的心情。這一天，她回來得有些晚，因為在外面和朋友一起吃了晚飯才回家，但她仍然不知疲倦地拿出日記本寫著……

今天，馮京侖打電話給我，說為了感謝上次我幫他的一個忙，一定要請我吃飯。我勉為其難答應了下來。他訂了自己公司附近的一個五星級餐廳。畢業之後，雖然兩個人都在同一個城市，但是平時極少見面。他現在已經是一個事業有成的企業家。雖然不是富可敵國，但起碼也是這一帶數一數二的富人。

外表看來，馮京侖並沒有多大的變化，只是把以前開的二手車變成了名牌車，以前的雜牌西裝變成了名牌西裝。

吃飯期間，他和我談起最近他投資的一個專案，他問我：「這樣的專案是否可以做？」

我問：「你做這個專案是為了什麼？為了賺更多的錢還是為了做一個

第四編　家族的夢

品牌出來？」

對於他現在經營的公司，我有一些了解，目前為止，他還是以盈利為主要目標，暫時並沒有建立起自己的品牌。

他說：「我沒有考慮這麼多，我只是覺得這個專案值得投資，所以就去投資。」

我說：「你現在並不缺錢，做事情是不是可以換一個角度了？」

他問：「換什麼角度？」

我說：「過去你是為了賺錢而投資，現在你是不是可以考慮塑造一個品牌了？」

他說：「這有什麼不同，都是投資。」

我說：「當然不同。打造一個好的品牌是你個人價值的有力展現。況且品牌裡面的含義是豐富的，品牌就好似一個人的靈魂，帶有自己獨特的個性和文化。如果說你過去所做的一切不過是為了得到物質的滿足，而現在你何不考慮滿足一下自己的精神需求？從這個角度來看，你不單可以收穫物質上的滿足，還能獲得精神層面上的滿足。」

他說：「說得有道理，我以前還真的沒有想過這個。我以前想到的就是怎麼賺錢，怎麼賺更多的錢。而且，我現在閒不下來，一閒下來我就會覺得發慌。我覺得有錢才有安全感，沒錢就什麼都不是了。」

我說：「你現在出去消費的時候，一般都是來這種地方嗎？」

他說：「是的，基本上都會找一些所謂上等的地方。」

我說：「以前去的路邊攤，現在已經不去了吧？」

他說：「早就不去了。那個地方設施那麼差，而且人員那麼雜，哪有

這裡清靜？」

我說：「是啊，這裡的環境是很好，不過就是太安靜了，沒有絲毫的人氣。路邊攤雖然嘈雜，卻充滿著各式各樣的色彩。我以前也不喜歡去，但最近我有空的時候，會自己一個人跑去找一個攤子坐坐。有時候，甚至會看別人吵架打架看得津津有味。」

馮京侖聽了之後，目瞪口呆地看著我，彷彿我是天外來客。我不禁覺得好笑。他問：「你去那裡幹什麼？」

我說：「我去那裡找很久之前遺失了的東西。」

他聽了之後，有點不耐煩地說：「別賣關子，說，究竟是什麼？」

我說：「剛開始的時候，我去那裡不過是為了完成治療師交代的作業。他讓我去那裡找色彩。後來，我自己覺得那些地方是色彩斑斕的地方。在那裡你可以看到人性最率真的一面，也許這些並不好看，甚至你會覺得醜陋，但是，這些卻是最真實的。那些真實在我們現在坐著的這個地方是看不到的。這裡的人都是經過重重的包裝之後才來的。」

他撇撇嘴說：「你現在說話怎麼和得道高人一樣？」

我說：「我最近參加了一個心靈之旅俱樂部，開始關注自己的內心了。我說的治療師正是這個俱樂部的導師。」

他說：「那些地方我不能去，我覺得很不安全。如果看到有人吵架、打架，我第一個就跑了。」

我說：「正是因為你放棄了，所以你領略不到其中的意義了。現在我來問你一個問題，當作是一個測試。如果把腳踏車、公車、捷運、飛機、私家車各自比作一種顏色，你現在擁有幾種顏色？」

他說：「私家車和飛機。公車和捷運很早就不搭了，腳踏車更別提了。」

第四編　家族的夢

我說：「你看，你的生活色彩真是少得可憐，捷運和公車為什麼不能坐了呢？這和有錢應該畫不上等號吧？」

他說：「嚴格來說是畫不上等號的。但是，出門開車已經成為一種習慣了。」

我問：「你現在住的別墅多少錢？」

他說：「四千多萬元。」

我問：「以前的老房子什麼時候賣掉了？」

他說：「賣了有四五年了。」

我問：「你現在的房子，住得開心嗎？」

他說：「有什麼開心不開心的，不過就是房子。」

我說：「我突然想起了一個故事。」

他問：「什麼故事？」

我說：「話說有一個人死了之後，跪在天國之門，聖彼得打開門，問他有什麼願望。那個有錢人說：『我想要一個可以看到全世界的風景的頭等套房，每天都有我喜歡吃的食物，還有當天的報紙。』對於他提出的要求，聖彼得猶豫了一下，但是這個有錢人的願望非常強烈，一定要聖彼得滿足他。於是聖彼得聳聳肩，答應了他的要求，給了他一間頭等套房，並且每天送上他喜歡的食物和報紙。第一天送完這些之後，聖彼得對他說：『好了，這就是你想要的，好好享受吧，我們一千年之後再見。』然後他就鎖上門離開了。一千年過去之後，聖彼得重新出現在這個有錢人的面前，他剛把門開啟，那個有錢人就哭著說：『你終於回來啦！天堂真是太慘了，我要離開這裡。』聖彼得聽了之後，悲傷地搖搖頭說：『你搞錯了，其實你選擇的是地獄。』」

給自己判刑的人

馮京侖聽到這個故事之後,久久沒有出聲,我想他的內心一定是起了一些細微的變化。

接下來,我也沒有再說過多的話,直到分別之前,他才說:「雖然你剛才說的話,一開始的時候我覺得並不那麼好聽,但是卻不能否認,那些話很有道理。剛才和你說的那個專案,我會好好地考慮一下接下來我該怎麼進行。的確,我在追求成功的過程中,得到很多也失去很多。以前我會認為那些失去的,並不是我在乎的。可是我現在想一下,就算我現在擁有的,也並沒有使我徹底變得快樂。所以,一個人到底在追求什麼呢?得失要怎樣衡量呢?我真的要好好思考一下。」

我說:「希望你以後能給自己找回那些你曾經放棄的色彩。」

聽到馮京侖的生活之後,我聯想到一個故事,對於得失有了更深層次的了解。我覺得他就像是一個法官,他判定自己不能住小房子,不能在路邊攤吃東西,不能在捷運車廂裡和別人擠來擠去。事實上,這樣他就失去了看到生活的另一面的機會。他判定自己要住幾百萬元的房子,判定自己必須在高級的餐廳裡進餐,判定自己要穿名牌的服裝、開名牌車,並且以為這就是最好的宣判。殊不知這樣只能滿足他表面的需求,卻不能真正地滿足他的心靈。所以他說就算現在自己擁有金錢,卻也沒有感覺自己特別快樂,甚至有一次在鄉下度假的時候,他不敢步行 500 公尺到鎮上去買東西。如果他連接觸大地的機會都失去,那他擁有的東西裡還有什麼是值得他驕傲的呢?

生命應該是隨意的,生命應該是沒有界限的、自由的、五顏六色的。而這些東西從哪裡來?這些東西就蘊藏在簡單的生活中。

他人一個善意的微笑和問候,或是在某個鬧市中聞到的氣味,都是生

第四編　家族的夢

命具體存在的表現。而這一切，如果你判定自己不准接近，那麼，你就失去了相關的感受，也就等同於失去生命的一些顏色。

咖啡廳裡面的鋼琴樂聲和街頭流浪漢的哼唱，同樣能夠滌蕩一個人的心靈，你能判斷出哪一個更高貴一些，哪一個更低賤一些嗎？

放下筆，陳逸藝輕輕噓了一口氣，現在自己寫日記越來越快了，思維方面也有了很大進步。周遭發生的事情，似乎看得更加通透了。馮京侖今天會變成這樣子的一個人，和他過去的經歷是分不開的。馮京侖也有一個不快樂的童年。他的父親因為是一個入贅女婿，一直被人看不起。本來他的父親也是一個很有才華的人，卻一生不得志，最後鬱鬱而終。他自小就是一個很勤奮的人，做什麼事情都目的性很強，一心想要出人頭地。因為家裡窮，所以他很珍惜讀書的機會，一直非常刻苦，並靠著獎學金完成了大學的學業。進入社會之後，他先後在幾個貿易公司工作，賺足經驗之後，自己與人合夥開了一家小型的貿易公司。因為自己的努力，生意越做越大。

馮京侖的經歷，讓陳逸藝想起了前些日子在李承軒的講座上聽到的那個一心想回鄉蓋房子的男人。他們都是同類人，把家族的榮耀當成了自己的終極奮鬥目標。這種人是為了家族而生存的，家族的願望已經代替了自我。所以，當他完成了願望，獲得了大量的金錢之後反而過得非常茫然，不知道自己下一步該怎麼做了。雖然他自己對此毫不知情，但是身為旁觀者，陳逸藝是看在眼裡，記在心裡。只希望他能夠對自己有所察覺，盡快找到自我，過上比現在更有意義的生活。

最後的逃避 —— 自殺

陳逸藝監督女兒做完作業之後來到客廳，打算陪母親看電視。

陳母正在看新聞，電視裡正報導一個女人跳樓自殺的事件。見到她來了之後，手忙腳亂地想要轉臺。自從她那次自殺沒有成功之後，他們家裡從來不討論死亡和自殺。老人家除了認為不吉利之外，自然是不希望又觸及她傷心的回憶。

陳逸藝見狀，伸手按住母親的手，輕聲說：「沒事了，媽，那些事情已經過去了。」

當她看到母親手忙腳亂想要轉臺的時候，內心是無比震撼的。她知道，母親這樣做，是怕勾起她那些傷心的回憶。也直到今天，她才明白其實自己的母親並不是不關心自己，而是她一直沒有表達對自己的愛而已。也許是因為她根本就不懂得怎麼表達對自己的愛。但是她對自己的感情，卻蘊藏在生活中的每一個角落裡，細微到自己的飲食起居。自己過去一直不能領會，自然是內在小孩還沒有完全成長的緣故。今天，當自己的內在小孩變得足夠堅強的時候，她已經懂得透過所有發生的現象去找尋問題的內在原因。

她坐下來和母親一起看完那段新聞，主角是一個命苦的女人，因為生了一個女兒，不得家人的喜歡，被重男輕女的丈夫拋棄，走投無路的情況下以自殺結束自己的生命。

陳母說：「這麼年輕的一個人，怎麼就不懂得要獨立自強呢？」

陳逸藝說：「是啊，生命是多麼可貴，而且孩子還那麼小，她也忍心？」

第四編　家族的夢

　　兩個人沉默了一會兒之後，她說：「媽媽，生一個男孩對於一個家族來說真的很重要嗎？」

　　陳母說：「在過去，生男孩是很重要的。除了傳宗接代的觀念之外，兒子還有一個重要的任務是贍養老人。俗話不是說養兒防老嘛，女兒始終是要出嫁的。嫁給別人之後就是人家的人了，要照顧父母也沒有那麼方便了。所以贍養老人的任務就得兒子來承擔了。」

　　陳逸藝說：「我們家沒有男孩，你當年會被人家看輕嗎？」

　　陳母嘆了一口氣說：「怎麼不會？特別是你三嬸一下子就生了兩個男孩。你的奶奶雖然當面沒有說什麼，但是背後總是說你父親命苦，擔心他日後老無所依。一開始的時候，我和你父親也因為這件事鬧得不愉快，但是後來覺得，如果命中注定沒有兒子，吵個你死我活的又有什麼意義呢？唯有接受現實，把你們兩姐妹拉扯成人，日後能不能得到你們的照顧，就看命啦。」

　　陳逸藝聽到這裡之後，抱著母親說：「我知道我過去做的事情讓你覺得很傷心。當時我年少氣盛，考慮事情不周全。你放心，以後我會一直在你們身邊陪伴你們的，就像兒子一樣。」

　　陳母說：「我現在也看開啦，孩子長大了，有自己的路要走。你們是不是能夠一直陪在我的身邊，已經不是最重要的了，最重要的是，你和你姐姐都過得好，我就放心了。」

　　陳逸藝從小到大，還沒有和自己的母親如此交心過，更別說這麼直接地表達自己的感情了。過去的她想都沒有想到有一天能夠和自己的母親這樣親近，這樣貼心。過去她一直渴望自己和母親之間可以變得親密無間，這時，當她真正地接觸到母親的懷抱之後，夢想成真的美好感覺讓她覺得

自己現在是全世界最幸福的人。

夜晚，睡覺之前她照舊去女兒的房間看看。曉媛睡覺的時候顯然不像平時那麼文靜，只見她把一雙小腿從被子裡面伸出來透氣。陳逸藝看到她像嬰兒一般的睡姿，不禁笑了起來。她幫她蓋好被子，並在她的額頭輕輕地吻了一下，轉身走出房間。

到客廳倒了一杯開水之後，她來到陽臺上。橘黃的街燈，靜靜地守著這個深秋的黑夜，照耀著夜歸未眠的人們。街的對面，一家路邊攤的老闆一邊打著哈欠一邊收拾著桌凳。對於他們來說今天的工作正式結束了。陳逸藝這麼多年第一次感覺到，平凡寧靜的生活其實很美好。

此時想起過去的歲月，想起那些曾經讓自己覺得痛不欲生的事情和那段想要結束生命的日子，她感覺那一切是那麼遙遠，遙遠得好像是上輩子發生的事情。

現在，她所有人都不怨，包括自己，她也不怨。她知道，如果沒有過去的經歷，她也不可能會走到今天，不可能會擁有今天這樣寧靜的心態。那段屬於逃避的日子已經徹底地結束，接下來，她會勇敢地面對自己，面對生活，做一個和過去完全不同的自己。

以前她一直對自己沒有信心，對未來充滿恐懼，惶惶不可終日。吃飯不好吃，睡覺不安寧，覺得自己是全世界最可憐的女人。過去的種種就像是一座大山一樣，把她壓得喘不過氣來。她覺得自己就像是被如來佛祖壓在五指山下的孫悟空，無法動彈。會選擇自殺也是覺得自己再也沒有能力背負了。

這段日子，她覺得自己已經變得越來越強大了，她不再是過去那個逆來順受的小女孩，她終於長大成人了，她成了一個稱職的母親、孝順的女

第四編　家族的夢

兒。她不再逃避自己應該負的責任，並且開始享受責任帶來的樂趣。也是在這段日子裡，她發現原來接納是很容易的事情。只要遵循自己內心真實的感情，並表達出來。同樣地，別人也會因為你的接納而接納你。對於生活中發生的一切，她不再欺瞞自己，不再裝作看不見，不再為自己的行為找各種理由。

過去所發生的一切，以往讓她覺得是致命打擊的事情，現在已經變成了一種強大的動力。她知道，這股動力將會鞭策著她向著光明之路不斷前行。她從來沒有像現在這一刻，如此慶幸自己從那一次自殺中活了下來。這一刻，她內心充滿了希望和力量，也充滿了感恩。感恩自己的生活、自己的際遇。

正當她為自己現在擁有的生活感到慶幸的時候，又想起何敏華昨天打電話過來告訴她，去年搬家到鄉下的同學廖映紅昨天被發現在她租來的小屋中自殺了。

聽到這個消息之後，她難過得說不出話來。廖映紅和何敏華一樣，是她的同學，雖然兩個人並沒有深交，但是自己卻知道她是一個很有才華的女子。文筆非常好，對寫作非常有天分。只要她願意努力，假以時日一定會有一番成就，想不到她會以這樣的方式放棄了自己的生命。

在廖映紅搬家之前，曾經和她們見了一面，她說自己已經厭倦了城市中的各種紛爭，想要找一個清靜的地方待一段時間，並且希望在這段隱居的生活中重新找到創作的靈感。但是她去了之後，就一直沒有回來過。中間彼此聯繫過幾次，她說鄉下的生活很適合她，她暫時不會回來了。

陳逸藝曾經擔心地問她過得怎麼樣，她說自己在那裡感覺很好，正準備辦理離婚事宜，並且說離婚之後，自己就會得到真正的解脫。現在，她

是真正得到解脫了，但不是因為離婚，而是因為離開這個世界。現在，自己的家人就在屋子裡酣睡，明天的早晨就能聽到母親叫自己起床的聲音，能享受到女兒給自己的離別的親吻，這一切，是那麼真切，那麼美好。

從沒有一刻讓陳逸藝如此感激，感激自己還活在這個世界，這個自己差一點就拋棄了的世界。

她知道，以後自己不會繼續在生活中尋找放棄的理由，而是會努力尋找不放棄的理由。因為生命是一種恩賜，一件寶貴的禮物，既然如此，自己有什麼理由要放棄呢？只要它沒有自然結束，都應該尊重生命的本意，去享受它，享受它帶來的一切，甜的、酸的、辣的、苦的都應該一一嘗遍，才不枉成為一個人。

想到這裡，她對著遙遠的夜空，輕輕舉起手中的杯子，喃喃地說：「廖映紅，一路走好，希望你的選擇是沒有錯的。不過，從今以後，這樣的選擇將永遠不會成為我的選擇。」

沒有一個人不自信

陳逸藝思考再三還是報名參加了心理諮商師的培訓班。在那幾個月，她非常認真刻苦地吸收著相關的知識，並且越來越了解心理學是一個博大精深的領域。

公司知道她在學習心理學之後，任命她為市場部的培訓老師。除了要協助人力資源部選拔優秀人才，還要承擔新老員工的培訓工作。幾乎每個

第四編　家族的夢

月都要進行一次培訓，培訓的內容除了傳統的建立自信心、加強溝通能力之外，她還增加了一些其他新的內容，她嘗試著把自己學到的知識也運用到員工的培訓當中。因為她覺得，一個人要真正地成長，不能光是外部行為有所成長，內心也要有所成長，這才是成長的真諦。她希望自己所做的工作是對個人整體有影響，而不是只提高個人的工作能力。這樣一來，她的工作就充滿了挑戰，但是也充滿了樂趣。

在白天的培訓中，透過一些小遊戲，她跟員工闡述了自信心建立的道理。但剛從學校畢業出社會的陳家豪就表示，自己雖然領悟了自信心是逐步建立的，但對於自己能否很好地建立自信，還是沒有把握。

於是陳逸藝問他：「你覺得你不自信嗎？」

陳家豪說：「是。」

陳逸藝再問：「你覺得你是個不自信的人？」

陳家豪說：「是。」

陳逸藝繼續問道：「你很相信你是一個不自信的人？」

陳家豪雖然一頭霧水，但是依然堅持著說：「是。」

當陳逸藝再問：「你很堅定地認為你是一個不自信的人？」

此時周圍的人已經笑成了一片，陳家豪自己也笑著說：「是的。」

陳逸藝問：「很自信地認為你是一個不自信的人？」

陳家豪這次十分堅決地說：「是。」

他剛剛回答完，周圍突然安靜了下來，陳家豪自己也愣在那裡。

陳逸藝說：「你看，這個世界哪裡有不自信的人呢？就算是你，剛才還說自己是不自信的人，現在回答我的問題時，還是充滿了自信的。所

以，我們不是沒有自信，問題是我們把自信建立在哪裡？在自我形成的過程中，有些人把自信建立在肯定自己上面，有些人把自信建立在否定自己上面。」

眾人聽了她的話之後，不由得發出一陣熱烈的掌聲。

陳逸藝繼續說：「關於自信，有一個印度的寓言故事。話說有一天，絕頂聰明的納斯魯丁跑去找著名哲學家奧修，納斯魯丁非常激動地說：『快來幫幫我！』奧修問：『發生了什麼事？』納斯魯丁說：『我感覺糟糕透了，我突然變得不自信了，天啊！我該怎麼辦？』奧修說：『你一直是很自信的人呀，發生了什麼事讓你如此不自信呢？』納斯魯丁非常沮喪地說：『因為我現在突然發現，原來每個人都像我一樣好！』聽完這個故事之後，大家有什麼樣的感覺呢？」

陳家豪說：「我覺得，這個寓言闡述了一個觀點。那就是自信並不是絕對的，一向不自信的人其實也有非常自信的時候，同樣，一向自信的人也很可能在某些時候變得不自信。」

陳逸藝說：「說得好。自信和不自信其實是可以轉換的，在不同的場合，出於不同的原因，會產生不同的感受。當時的那種感受，有可能會增加你的自信，也有可能會打消你的自信。就如要叫一個對寫文章很自信的文弱書生去舉一個幾百公斤的啞鈴，他可能就會變得相當不自信了，只不過這種不自信，是合理的不自信，是發現自身的弱點之後才產生的。而你剛才所說『害怕自己不能很好地建立自信』的觀點，是你在對自己還沒有做出評估的情況下產生的擔憂，這是不合理的。」

陳家豪說：「是的。你第一次問我問題的時候，我真的是很不自信的，很膽怯，但是到了後來我回答得越來越順暢了。也許是肯定的回答增加了

第四編　家族的夢

我的信心。」

　　陳逸藝說：「其實你也是可以很自信的，只不過你過去沒有發覺罷了。」

　　陳家豪說：「是的。不過經過這一次之後，我相信我已經發覺了。謝謝你！」

　　在陳家豪的身上，陳逸藝看到了自己過去的影子。當年，她雖然以優異的成績畢業，但是在出社會之後，在一群老練的同事面前她還是顯得非常不自信，特別是受到批評的時候，就會覺得自己簡直一無是處。每逢公司循例召開會議的時候，她一定是坐在最後面的，並且很希望前面有一個比自己更高的人擋著。不單如此，在會議中她從來不敢正視別人的眼睛，甚至就算內心對會議的主題有自己的一些看法，也不敢發言。她總怕會犯錯誤，或怕遭到別人的取笑。

　　當治療進行到關係這個環節之後，她在分析自己為何經營不好親密關係時，發現不自信也是其中一個重要的因素。

　　在親密關係中，因為自己的不自信，她一開始就把自己擺在和對方不對等的位置上。如此一來她對對方的一舉一動就變得相當敏感，很容易產生受到傷害的感覺。每當這個感覺產生的時候，自己內心的情緒就如失去控制一般發作，從而影響到親密關係的建立和維繫。

　　不能否認，一個人的不自信，不僅會影響他的工作，還會影響生活，甚至是整個生命。

　　今天陳逸藝已經逐漸明白，自己的不自信是建立在自卑之上的。自卑的來源當然和少時的家庭教育相關。當時由於母親過多地否認自己，因而造成了後來的自卑心理。自卑就像是一塊肥沃的土壤，不自信在這塊土壤中生根、發芽，逐漸地長大，控制了她。自卑和自信的關係就像是鎖鏈一

樣，一環扣著一環，如果自己一直找不到源頭，就會永遠被扣在其中，無法脫身。

今天自己有這麼大的轉變，除了是因為接受心理治療取得很好的效果之外，另一個重要的因素就是謝志偉。與他交往的這兩年多時間裡，他一直鼓勵她多看書，鼓勵她去參加各種資格考試。每當她失敗的時候，他總會告訴她，這一次失敗沒關係，繼續做她該做的，不要放棄，這是她能夠做到的。他幫助她設定可行的目標，不管是在工作上，還是在生活上。就算他不能陪伴在她的身邊，一定會有電話的問候。

於是，當她成功的次數越來越多，獲得的經驗越來越多的時候，她的信心就越來越充足。

她曾經說：「如果不是遇見你，我可能真的會一事無成。」

他說：「你不會一事無成的。如果你真的想一事無成，你就不會覺得痛苦了。你覺得痛苦，正是因為你有所追求，卻總是不能達到目標。你沒有達到目標，不是因為你沒有才能，而是你那時候沒有足夠的自信。」

她說：「我覺得我現在已經變得很自信了，這都多虧了你。」

他說：「其實我的作用並沒有那麼大，你的自信是你自己親手找回來的。我只不過是在這個過程中陪著你罷了。」

當他說出這句話的時候，她覺得，謝志偉就像是自己的另一個母親。正是他，陪著自己一點一滴地把遺失在親生母親的教育中的自信慢慢撿回來，把自卑慢慢地剔除掉。

這兩個人為她做的一切都是出自愛，但是因為愛她的方式不同，所以產生了完全不同的效果。但是無論如何，她今天終於找回了自己，平衡了自我。

第四編　家族的夢

　　最近，她和謝志偉已經很少見面。雖然如此卻沒有中止過溝通。每次的電話中，她都會告訴他自己最近的變化。她相信謝志偉一定也能夠理解她的做法。一直以來，他並不是一個單純的情人，還是她的良師和益友。

　　過去她在感情生活中更多的是遵循自己當下的感覺，她會因為想念他而三更半夜打電話給他傾訴自己的思念，完全不會考慮這種行為可能帶來的後果。但是現在，她已經知道自己的言行產生的後果並不單純是由自己一個人承擔，而是兩個家庭都會受到影響。於是，她開始認真地思考和謝志偉之間的關係。她知道自己終究要做出一個選擇。對自己好對他也好的選擇。而她今天能夠做出這樣的選擇，也是因為內心已經有了足夠的自信。

　　這種自信讓她有了足夠的力量來接受和他之間發生的轉變，她知道，自己和他分開，並不等於是中斷關係，而是把彼此的關係往良性的方向轉化了。而這種自信讓她真正明白了這個道理，她不再覺得和他分開是一件令人覺得痛苦的事情。她逐漸地了解自己在某一個人生命中的存在，並不需要以某一種形式來展現。

　　謝志偉聽到她的轉變之後覺得非常開心。從陳逸藝的一言一行中，他感覺到她已經完全轉變了，變得更加自信，思維變得更加成熟和睿智，對一切事情都有了更加寬闊的看法。雖然他會因為不能和她廝守到老而覺得遺憾，但是這個遺憾，陳逸藝已經用自己的轉變幫他做出了彌補。他更願意看到今天這個樣子的陳逸藝。同時他也知道兩個人之間的感情並不會因此就中斷，而是會變得更加純粹和深入，並且不再需要依靠有形的接觸來維繫。這種內在的扶持，可以陪伴他們走完自己的人生，而不會再覺得有任何的遺憾。

成長的詩歌，是最好的禮物

雖然教科書上有說明，治療師和來訪者之間不能有私交。但陳逸藝還是會不時打電話給李承軒向他請教學習諮商過程中遇到的問題，或者是在發現某個有趣的現象之後和他討論。而李承軒顯然也很喜歡她認真學習的態度，也願意傾囊相授。

今天是他們的最後一次諮商。當李承軒在電話中聽到陳逸藝跟他說她準備前來的時候，他知道她最近一定很有收穫。雖然她是一個來訪者，但是他對她認真學習的態度非常欣賞。所以他特別關注她的個人成長進度。在幾次和莊令揚的閒談中他都會問起她的情況，莊令揚說她是目前俱樂部裡悟性最好的人，無論是自我了解還是了解別人，她都做得非常好。

聽到莊令揚的話之後，李承軒覺得非常開心，就像別人在稱讚著自己一個非常有出息的弟子。他知道，她能做得這麼好就是因為她真誠面對生命的態度。雖然過去她曾經因為一時的迷惑差點結束了自己的生命，但是她意識到自己的問題之後，那種對生命和對自己的真誠，讓他覺得感動。

這一段時間，發生在陳逸藝身上的變化實在是太多。雖然這些變化表面看不出來，但是正是這種內在的變化改變了她的生活，讓她逐漸過上快樂的日子，逐漸產生了幸福感。

她知道李承軒進行諮商的時候更喜歡當事人自己表達，去探索自己，而不是從他那裡得到具體的答案。但是，因為自己最近獲得的東西實在太多，她一時之間不知道從何處下手。

思來想去，覺得還是以畫畫的形式表達最好，而且自己也習慣用這樣

第四編　家族的夢

　　的方式來表達了。於是她回到自己的房間，開啟電腦中的音樂播放器，裡面儲存著她最近很喜歡的班得瑞（Bandari）的音樂。她拿出畫筆，挑好顏色調勻，坐在地上準備畫畫。

　　在班得瑞音樂帶來的自然氛圍中，她慢慢摒棄了內心的困擾，放鬆整個身體，全心地進入了構思狀態。此時，她能感覺到自己感官中最細微的變化，內心的祥和與寧靜，甚至她可以聽見自己的脈搏沉穩跳動的聲音。

　　不知道過了多久，她終於完成了自己的構想，放下筆，去客廳倒了一杯開水，活動了一下有點僵硬的四肢，然後回到房間中仔細欣賞自己的新作，為它們寫上標題，並排好序。一切就緒之後，她左看右看，總覺得還少了一些什麼。

　　回想起在讀心術俱樂部的時候，曾經聽莊令揚說過，詩歌是一種很好的表達方式，它可以幫助一個人去緩解內心的情緒，造成重新梳理的作用。雖然此刻的情緒很穩定，但是她覺得寫上一兩首詩歌來表達此時此刻的心情，也是一個很不錯的選擇。而且她一直認為，沒有一種表達會比文字表達更有力量，更全面，更細緻。

　　她為第一幅畫取名叫〈成長〉。她畫了一個孩子，孩子的身後長著潔白的翅膀，她坐在陽光裡面，微微地仰著頭笑著，細瞇著眼睛看著前方。她臉上的笑容是那麼純淨，她的前額因為陽光的照耀而閃閃發亮，充滿了希望。孩子凝視的前方，隱約可以看到一些樓宇，讓人聯想到那是一個樂園，人們正在裡面快樂地生活。

　　她給第二幅畫取名叫〈蟻變〉。這幅畫中畫著一片綠茵茵的小草，正在悄悄地發芽，芽尖上頂著晶瑩剔透的露珠。露珠在陽光的照耀下折射出七彩的光，似一個個小小的水晶球一般。遠處有一棵枝繁葉盛的大樹，大

成長的詩歌，是最好的禮物

樹底下有一個孩子正在快樂地盪鞦韆，而她的媽媽，笑瞇瞇地坐在草地上看著她。在這幅畫的後面，陳逸藝寫著：

小草

  這是成長的季節
  春意盎然
  小草在陽光下炫耀自己的新芽
  企圖讓世界聽見它蛻變的聲音
  遠處
  剛剛脫殼的蟬發出微弱的聲音

  從在泥土中的憧憬
  到陽光下的夢想成真
  經過了無數的日子
  經過了暗無天日的等待
  而今天
  終於能夠在溫暖的太陽下
  伸展牠的軀體

  牠是那麼的驕傲
  以致連風兒都忍不住
  帶著牠的歡樂灑向全世界

蟬

  面對謎一樣的未來
  蟬放下心中的恐懼

237

第四編　家族的夢

準備好勇氣面對考驗
牠挑選了一棵自己喜歡的樹
靜靜地趴著
等著背脊慢慢地裂開
牠知道牠要爬過長長的黑夜與疼痛
才能等到黎明的到來

當自己內在的身體
再次感知到天空中吹過來的風
牠知道這一刻牠已經成功地蛻變
因為自信和堅強
牠得到了重生

叭，牠聽到自己和大地接觸的聲音
牠不由得笑了
閉上眼睛
牠讓自己慢慢地蜷縮著
牠知道要過一段時間
自己才有足夠的力量飛翔
等到
身體從白變黃又從黃變黑之後
等到明天的太陽昇起之後
牠又能振翅飛到高高的枝頭
唱出美麗動人的歌

陳逸藝完成了〈小草〉和〈蟬〉的詩歌之後，已經忍不住熱淚盈眶。小草和蟬都是自己的象徵，自己正是走過了無邊的黑暗，經過了巨大的痛苦才得到今天的成長。如果當時她不能經受那些，如果當時她選擇放棄自己的生命時真的如願了，那麼一切就消失了，生命就化為一個虛無，消失在這個世界。自己也不能享受到今天的喜悅，不能享受到家庭的溫暖和感情的甜蜜。她現在擁有的一切，就像是蟬擁有新生一樣可貴。

　　第三幅畫取名叫〈強大〉。畫面上畫著一棵茁壯的樹，樹下面有一座潔白的房子。這是一棵非常強大的樹，它張開自己巨大的臂膀，為潔白的房子抵擋烈日的曝晒和風雨的侵襲。這象徵著她目前真實的現狀。她覺得自己已經從一株沒有絲毫力量的，在風雨中飄搖的，不能自保的樹長成了一株參天大樹。她已經可以帶給家人溫暖和愛，已經把過去的痛苦化作養分，一點一滴吸收進自己的身體轉化成能量。而最近學到的知識，正是這個過程中不可缺少的催化劑。

　　第四幅畫取名〈未來〉。畫中是一條延伸到遠方的小路，這條小路並不寬，但是很平整，路邊沒有種花，卻長滿碧綠的青草。

　　陳逸藝為這幅畫寫了一首詩：

路

　　來時我走在荊棘滿布的小路上
　　鋒利的刺
　　深深地刺入我的肌膚裡
　　而我無處躲藏

　　我痛哭
　　我呼喊

第四編　家族的夢

　　我差點掉頭就走
　　但是我終於堅持了下來
　　繼續前行

　　當我一步一步
　　慢慢地走出那片荊棘
　　出現在我面前的是一條平穩的路
　　這條路的盡頭是溫暖的陽光
　　路上沒有坑洞
　　沒有泥濘
　　只有散發著芬芳的小草

　　這是一條屬於未來的路
　　它注定屬於我

　　寫完這些詩之後，陳逸藝扔下筆，隨意躺在潔淨的地板上，攤開自己的肢體，讓自己處於放鬆的狀態。房間內的音樂像是羽毛一樣輕輕從她的臉上、身上拂過。每一個毛孔，彷彿是得到解放一般張開來。她很快就進入了夢鄉。

　　夢裡，她來到一片很大的草坪上，草坪的中央蹲著一個小小的天使。她好奇地走過去，跟那個天使打招呼。卻發現天使正是童年時的自己。她詫異地看著天使，天使也看著她。

　　她問：「哎，你什麼時候變成了天使啊？」

　　天使望著她，抿嘴笑了一下說：「我變成天使好一段時間了。我一直在這裡等你。」

她問:「你等我做什麼啊?」

天使說:「等你來,告訴你我已經變成了天使啊,我想這個消息一定會讓你覺得很開心。」

天使說完,拍拍自己的小翅膀,準備飛走。

她急了,說:「哎,你怎麼就走了,你多陪我一會吧。」

天使說:「我是一個懂得隱形的天使,有人的時候我就不出來,但是其實我一直都陪在你身邊。」

說完之後,天使就向著天際飛走了。陳逸藝在草坪上躺了下來,她看見天使正扒開雲層看著她悄悄地微笑呢。

星期二下午兩點半,李承軒的諮商室,兩個人相對坐著,就和過去一樣。

李承軒看著陳逸藝新畫的作品和她寫的詩,就像看到了一篇洋洋灑灑的成長報告一般。然後,他說:「逸藝,看到你的成績,我真的覺得很開心。雖然你不是我最容易治療的一個來訪者,卻是我最有緣分的一個來訪者。在你的身上我再一次看到了生命的奇蹟。今天我們的諮商可以正式結束了,接下來的日子,就算沒有諮商諮商師的引導,你也可以完成剩下的部分了。」

陳逸藝望著李承軒,內心湧起一陣陣的感動,於是她忍不住站了起來,對著李承軒深深地鞠了一躬,說:「這一路,如果沒有老師您的幫助和陪伴,逸藝也不會有今天的成績。並且,透過這次治療我發現了自己真正的興趣所在,我喜歡這個助人自助的工作,我希望自己以後能夠在這個領域發展。所以,我今天來還帶著一個目的,希望老師你能夠不嫌棄我天資愚鈍,收我做你的弟子。」

第四編　家族的夢

　　李承軒聽了之後，笑著說：「事實上你是一個非常有悟性的人，也很適合在這個領域發展。收徒弟的事情我們從長計議，接下來的一段時間裡，我會外出講課。如果你有時間又有興趣，可以跟在我的身邊實習一段時間，再確定你的發展方向。」

　　陳逸藝一聽，真是喜出望外。李承軒是一個非常有經驗的治療師，如果自己能夠跟在他的身邊實習，那離自己做一個合格的治療師的夢想就不遠了。看來，她應該給自己的未來制定一個更加詳盡的計畫了。

神仙說「這個家庭不歡迎你」

　　在一個工作坊中，李承軒處理了一個個案，讓陳逸藝內心產生了非常大的感觸。她不只對自己有了更深的了解，並且對自己的家庭有了更深的了解。當事人是一個女孩子，在工作坊中她跟成員們分享了自己的故事。

　　「我的家人過去重男輕女的觀念非常嚴重，我妹妹可以說是我們家重男輕女觀念的犧牲品。在我還沒有出生之前，家裡的爺爺奶奶就盼望著我媽給他們生一個孫子，因為我爸是三代單傳，一定得繼承香火。我雖然是女孩子，但是因為是第一個孩子，倒也沒有受到什麼不好的待遇，然而我妹妹生下來之後，就不怎麼受歡迎了，首先家裡的長輩嫌棄，父母迫於壓力也覺得她這麼不爭氣，應該變成一個男孩子再出來。」

　　「她是在我3歲那年出生的，父親母親要上班，我又還小不能帶她，爺爺奶奶因為要帶我，而且又因為不喜歡她，所以他們也懶得搭理她，她可以說是一個人玩到大的。還好她小時候一直很乖，很少哭鬧。弟弟出生

之後的情況就更差了，不過那個時候我也已經長大一點了，起碼可以陪她一起玩了。」

「到了她讀國中的時候，我已經開始讀高中了，而弟弟正在上小學。家裡有3個孩子讀書，父母覺得很吃力，我平時的成績很好，所以要我放棄讀書那是不可能的，而弟弟才剛開始讀書沒有多久，要他放棄學業也不是父母親所願意的。後來沒有辦法，就讓妹妹讀到國中畢業就輟學了。所以我高中還沒有畢業，她就已經出來打工了，在一個有錢人家裡當保母。妹妹對於自己的遭遇一直覺得不公平，到現在還是這樣認為，她覺得自己是家庭的犧牲品。她因為沒有學歷，也沒有一技之長，現在的日子過得並不怎麼好。」

「到現在我媽媽覺得很內疚，她覺得不該生個小孩讓她出來受苦，她覺得這都是她造成的。現在，我妹妹剛生了小孩，我媽就提出要幫她帶小孩，媽媽現在對那個孩子十分溺愛，我知道她是希望透過這樣的方式來彌補。我妹妹在我面前一直很自卑，她總是覺得自己不如人，因為她沒有讀多少書，又沒有什麼一技之長，嫁了個老公，家裡的經濟情況也不怎麼樣，她總覺得自己無法抬頭做人。」

「像這樣重男輕女的情況，在我們村子裡是屢見不鮮的。我有一個同學，她是在家裡出生的。生出來之後，她媽媽邊哭邊罵，說她害了她，說她不懂事，明知道這個家裡不歡迎女孩子還跑來。幸運的是後來她媽媽生了一個弟弟，那個弟弟也挺有出息，成績很好，最後考上了大學，有了一份很穩定的高收入的工作。要不然她和母親要背負的可能就更多了。」

聽了那女孩聲淚俱下的敘述之後，陳逸藝不禁也陷入了沉思。她自己也來自一個重男輕女的家庭，雖然待遇不似當事人的妹妹那般淒涼，並且

第四編　家族的夢

父母親也沒有直接怪罪她。但是整個童年時代，這卻是影響著家庭的最大的問題。最近她在母親那裡知道，原來在姐姐之前母親還曾經懷過一個孩子，不過在6個月的時候流產了，那個流產的小孩是個男孩。此後生了兩個都是女孩。更糟糕的是，父母因為家境的關係，不能再負擔第三個孩子，於是，沒有辦法實現父親延續香火的願望了。看著自己的兄弟們都生了兒子，父親有時候會覺得很難過。別人有兒子傳承香火，而自己卻沒有。

在陳逸藝小時候，每次回老家過春節時，父親和叔叔伯伯在聊天的時候，總是會露出一臉羨慕的表情，說：「你們就好了，有兒子，老了就有依靠了。」

每當聽到這樣的話，陳逸藝都會覺得很不以為然。她覺得自己雖然是一個女孩子，但是並不比男孩子差，每次考試不是第一名就是第二名，也沒有給父母親丟過臉，就是不明白為什麼父親總是那麼執著。那時候因為年紀小，對香火傳承的家族觀念完全不了解。

她清晰地記得，自己第一次聽見父親在叔叔伯伯面前表示兒子比女兒好的那個晚上她做了一個夢。夢見自己正準備投胎去他們家，她一路慢慢地走著，不知道走了多久，突然看到前面有一堆人在聊天。她經過他們的時候，突然有一個白鬍子老頭對她說：「小妹妹，我勸你還是不要去那家了。」

陳逸藝問：「為什麼啊？」

那老頭說：「因為那個家不會歡迎你的啊。」

陳逸藝問：「你怎麼知道？」

老頭子說：「我是神仙，我什麼都知道。」

陳逸藝說：「他們為什麼會不歡迎我，我表現得好一點不就好了嗎？」

神仙老頭說：「不是你表現不表現的問題，而是他們希望生一個男孩的問題。你不是男孩子，你去肯定不受歡迎。」

陳逸藝說：「我不信，我還是想去，我會證明給他們看，我很優秀。他們最後會喜歡我的。」

神仙老頭見說不動她，於是嘆了一口氣，甩甩自己白花花的長鬍子走了。這時候，其他的神仙也開始勸說她不要去這個家庭，可是她不聽，義無反顧地去了。

到了之後，她剛睜開眼睛，就聽見一個蒼老的聲音失望地說：「唉，怎麼又是一個賠錢貨？真是造孽！」然後那個聲音就嗚嗚咽咽地哭了起來，那哭聲越來越淒厲，把陳逸藝從睡夢中嚇醒了。

現在回想起來，那個夢是因為潛意識在活動而做的。也就是說，她那份自卑和倔強是與生俱來的，是還在母親子宮裡的時候就已經存在的。那時候她已經感受到了自己的不受歡迎，還在胎兒的時候她已經有了一種恐懼，當這種恐懼在後來被證實之後，就變成了自責、內疚和自虐。這些情結導致她後來做出一系列不珍惜自己的行為。其實如果她不是擁有這樣的人格，生活中有很多幸福是自己可以抓住的，但是那些美好的東西終究和自己擦肩而過了。也就是說，雖然自己很倔強，但是依然沒有逃脫那個暗示，即神仙說自己不受這個家庭歡迎的暗示。

這到底是誰的錯呢？自己和家人肯定是不會錯的，因為他們同樣沒得選擇，那麼難道真的存在命中注定這樣的事情嗎？

事後，她就這個問題請教李承軒。

李承軒聽了她的夢之後，若有所思地看了她好一會兒，然後說：「過

第四編　家族的夢

去我一直很奇怪，你這麼強烈地想要改變自己的決心是從哪裡來的。現在我已經可以確定，這是你想要為了完成家族夢想做出的努力。」

陳逸藝聽了之後，狐疑地說：「家族夢想？我從來沒有考慮過這個問題。這也不是我應該考慮的問題，我是女孩子。」

李承軒說：「正因為你是女孩子，你才要這樣做。你想一想，你現在成了一位治療師之後，最開心的人是誰？」

陳逸藝說：「我父母。現在他們逢人就說他們的女兒有多厲害。」

李承軒說：「對啊。如果你成了一位治療師後最開心的人是你，那麼你就是完成了你個人的夢想。但是現在最開心的人是你的父母，你成為他們的驕傲，你想一想，你和那些立志要光宗耀祖的男人有什麼區別？」

陳逸藝聽了李承軒的話之後，愣住了，好一會說不出話來。

李承軒見她這樣，又繼續說：「完成家族夢想其實是潛意識的願望。而且它並不一定要透過賺錢、出人頭地表現出來。成為一個優秀的人、高尚的人同樣也是一種方法。它們之間的區別不過是形式的區別，一種是透過物質來滿足，一種是透過精神來滿足。實質上是一樣的。」

陳逸藝說：「原來如此。我記得謝志偉也跟我說過一句話，他說『你覺得痛苦，正是因為你有所追求，卻總是不能達到目標。』那時候我覺得自己一事無成，非常痛苦，卻不知道自己內心深處到底在追求什麼。一直以來，我還以為自己是在追求一個避風港灣，現在想起來，我是一直希望自己最終能夠成為一個優秀的人，卻無奈天不遂人願，才會產生巨大的痛苦。」

李承軒說：「所以，當你現在達成了自己的願望之後，內心的痛苦就不再存在了。所幸的是你選擇了一個探索心靈的職業。如果你也像其他希

望透過物質來實現夢想的人一樣,當物質生活得到滿足之後,你反而會茫然不知道自己下一步該如何了。物質是有限的,而精神無限。」

晚上,陳逸藝上床之後,翻來覆去睡不著。

她想起了小時候做過的那個夢,李承軒在白天曾經跟她說過:「如果你想了結心願、釐清問題,你還是可以和那個神仙再對話一次。不過能不能在這個時候和神仙對話,要看機緣。」

不知道過了多久,她迷迷糊糊覺得自己好像在一條路上一直走著,而這條路她似曾相識。不久之後,她發現這條路正是當年她投胎時曾經走過的路。認出這條路之後,她覺得十分開心,心想也許能夠遇到那個老神仙,告訴她自己出生後發生的故事了。

陳逸藝一邊走著,一邊尋找當年遇到神仙的地方。走了很久,她也沒有遇到,於是坐下來在路邊歇息。心想,莫不是真的機緣未到?

此時,她突然聽見頭頂有個聲音說:「小姐,你找我嗎?」

陳逸藝抬起頭一看,正是當年的那個白鬍子老頭,他一點都沒有變,依然白髮皓首、鬍子飄飄。

她站起來說:「是啊,老神仙,我找你好一陣子了,你是知道我來找你才出現的吧?」

神仙老頭點點頭。

陳逸藝說:「其實我這次來找你,也沒有什麼特別的事情。我只是想來告訴你,你當初說的話是對的,雖然我沒有聽進去,但是後來我在那個家庭的確遭到了排斥。不過儘管如此,我也無怨無悔。這些年來,我一直受著你當初那句話的影響,過得很不開心。現在我已經明白了,既然去那個家庭是我自己選擇的,我就不應該怪誰怨誰,我就應該接受自己的選

第四編　家族的夢

擇。因為就算我不接受，我內疚、自責、自虐，也改變不了自己是一個女孩子的事實。所以，以後我會好好地生活，尊重自己的生命，尊重自己的選擇。」

神仙老頭說：「那天我跟你說的話其實是一個考驗。經得起考驗的孩子，對自己有信心的孩子，日後都能成為一個出色的人。雖然他們在出生之後，心靈會遭受到痛苦的折磨，但是這並不能夠磨滅他們的本質。就像你一樣，雖然你過了35年不如意的日子，但是你今天終於醒悟過來，顯出了自己真實的本性。」

陳逸藝聽了之後，恍然大悟，說：「原來如此。我真高興自己經得起考驗。可是，如果經不起考驗，那會怎麼樣呢？」

神仙老頭說：「經不起考驗的孩子，有些會在出生的時候就夭折，或是剛出生就身患重病。但也不一定都這樣，看他自己的造化了。」

陳逸藝說：「以前我以為自己的出生是不由自己選擇的，但是遇見你之後，我才知道，其實這條路確實是自己選擇的路。」

神仙說：「是啊。你看，你第一次走這條路的時候，路面很窄，路邊沒有花草，樹木光禿禿的。現在路邊的樹也長高長大了，周圍一片大好風光，正是你此時的寫照啊。雖然，冥冥之中一切有安排，但是還是要靠你自己後天的努力，才能達成願望。」

在老神仙的提醒之後，陳逸藝才留意到路上的變化。現在路邊的樹木確實長得高大挺拔，蔥蔥郁郁，鳥雀不時在樹葉之間嬉戲，一派生機勃勃的景象。

陳逸藝於是說：「謝謝老神仙的指點，我真是受益匪淺，感激不盡。」

神仙老頭說：「好了，你此時心結已經解開，再無別的疑問，就趁早

回家睡個好覺吧。」

陳逸藝於是拜別老人回到家中。

第二天早上，陳逸藝睜開眼睛，想起昨晚在夢裡神仙說的話，看看透過窗戶晒在自己被子上的溫暖的陽光，她知道美好的一天又開始了。並且，從此以後，生命中已經不會再有自己覺得不美好的日子了。

生命的魔咒

◆ 第一魔咒　理性可以主宰一切

房間裡有兩個男人。一個是 4 個月大的男孩吉米，另一個是 40 歲的男人湯米。湯米在忙著寫自己的稿子，吉米則因為肚子餓而躺在床上揮動著手腳哇哇大哭。

湯米一邊工作，一邊心不在焉地勸著吉米：「寶貝，別哭了，你這樣哭下去會傷身體的，那對你未來的發育很不利呀。」

吉米閉著眼睛，對他的話置若罔聞，哭得更加起勁了。湯米只好從搖籃中抱起兒子，在房間裡踱著步，嘴裡喃喃地說著：「媽媽就快回來了啊，回來就有東西吃了，別哭了。」

湯米覺得自己的聲音蠻動聽的，但是沒有收到任何效果。吉米毫不領情，依然啼哭不止。湯米看著懷裡的兒子，真是一籌莫展，只希望他媽媽快點回來，好把自己從魔咒中解放出來。

我們每個人的內心都有一個非理智的情緒自我，那就是我們的內在小

第四編　家族的夢

孩。可是，從我們宣布自己長大的那一刻起，我們就永遠地失去了他。因為從我們宣布長大開始，理性就住進了我們的內心。它就像是一個小鬼，時不時地念一段經文，他會告訴你「理性可以主宰一切」。這段經文就像一道神祕的咒語，時間長了，會讓一個人經常處於理智狀態，無論遇到什麼問題都理智對待。我們聽信了那個理性的小鬼所念的咒語，而且在這個過程中，我們同時也失去了很多小孩子的快樂。

可悲的是，我們不斷地按照咒語的指揮，去跟自己內心的那個小孩講道理。就好像是湯米對他的兒子吉米一樣，他根本不知道吉米要的是糧食，而不是說教，所以吉米就算聽到他的話，依然不會停止啼哭。而當我們的內在小孩鬧彆扭的時候，如果我們以理性的方式來對待，全然不理會它的需求，同樣會造成這樣的結果——讓內在小孩覺得委屈，而自己焦頭爛額。

◆ 第二魔咒　誰是我

每一個人都有自己獨特的個性，這其中包括我們的態度、氣質、性格等。這些因素中，除了小部分由遺傳基因決定以外，其他都是在後天的環境中慢慢造就的。在成長的過程中，我們為了塑造一個理想的自我，而穿上一件件光鮮亮麗的保護殼。到了最後，我們的自我就像是一個洋蔥的核心一般，被重重地包裹在最裡面，變得難以觸及，甚至緊密得連自己都以為這樣的自我已經不存在了。自我是不是也像我們的外在一樣光鮮亮麗呢？

或者說，我們還有自我嗎？如果還有，那麼又剩下多少呢？

有些人走在生命旅途中，卻忘記了出發時候的目的，變得茫然失措。而有些人到了一個所謂的目的地，卻發現根本沒有想像中的興奮和喜悅。

為什麼會這樣呢？這些和自我、理想的我又有什麼關係呢？

哪個才是真的我呢？我是誰呢？誰是我呢？

這個魔咒是什麼？讓我們一起來尋找和破解吧！

◆ 第三魔咒　生命中的貴人

一生當中，會有許許多多的人在生命旅程中和我們相遇或者同行。在那些人中，有些人是我們天生就喜歡的，有些人卻好像天生就讓我們覺得討厭。天生就喜歡的人自然不必說，是我們生命的貴人，他們幫我們增加自信心，讓我們感受到愛和溫暖，讓我們在需要支持的時候獲得力量。

可是那些讓我們感覺討厭的人又是怎麼回事呢？難道真的是前世與他們有過恩怨嗎？

我們細細觀察，會發現在那些人的背後還站著一列人，他們不過是後面那類人的替代而已。那麼，那些被替代的人，為什麼會讓我們覺得不喜歡呢？他們在我們的生命中，又扮演著什麼樣的角色呢？

一個很有才華、積極向上的工程師去找心理醫生諮商，他述說自己一直沒有辦法和主管好好相處。儘管有時候主管對自己不錯，但是自己還是很反感他們的一些做法，並且還會因為這種反感，而採取一些行動進行「報復」。因為這樣，他已經換了好幾家公司。但是換工作並沒有幫助他解決這個難題。同樣的情景，在不同的公司一再地上演。這個問題像一個魔咒一樣在他內心裡不斷糾纏，揮之不去。

心理醫生問這個年輕人：你的第一個主管是誰？

他於是恍然大悟，找到了源頭。原來源頭就是他的首位主管——父親，他把潛意識裡對父親的怨恨，投射到了所有處在上司位置的人。

第四編　家族的夢

　　這是一個幸運的年輕人，他找到了根源並破了咒。而許多人一生都在逃避和這種「生命中的貴人」相處。發生這樣的事情，依然懵懵懂懂不問原因，自然不能破解這個魔咒，讓自己一生都受困其中，讓生命無端失去多種顏色，實在可惜。

◆ 第四魔咒　家族的夢

　　每一個生命的背後都有一群生命，這一群生命就是他的家族。每個家族都會擁有共同的生命理想，我們把這個理想稱為家族的夢。

　　人身為一個獨特的個體，也有自身的生命理想，我們把它叫做潛意識生命理想，也就是個體自己的夢。

　　當個體的夢想和家族的夢想相互交融的時候，生命之花就會開放得更加豔麗，反之，生命之花就不能綻開。

　　每一個先輩都不會做一些讓自己後代不快樂的事情，他們必然都希望自己的後代有著開心的生命旅程。

　　而身為後輩卻不會這樣想，他們覺得自身應該承擔家族所沒有完成的理想，並且把這個當成是自己此生奮鬥的目標。如果自己不能完成就是不孝的子孫，就應該受到懲罰。

　　這樣的認知一旦形成，就會在這個人的潛意識裡一直影響著他的人生旅程，包括走向以及快樂的程度。在他有生之年，咒語隨時都在耳邊響起：「你還沒有做到，請你不要停下來。」

　　當一個人不能解決個人夢想和家族夢想之間的衝突的時候，當他長期處於矛盾和不安中時，就好像有一道咒語在耳邊不斷響起：「你是一個沒有良知的人，你是不孝的子孫，你需要被懲罰。」

這道咒語是誰在唸呢？當然不是家族中的生命，而是他本身的生命良知所念。

結果可想而知，這個人的生命旅程就是不快樂的。而他自己不會知道自己為什麼不快樂，也不會知道咒語本身。

第四編　家族的夢

後記

　　細細數來，從事心理諮商工作已有10個年頭了，在這10年的職業生涯裡面，我聽到過許多不同版本的故事，看到過不同面孔的人。但讓我最記憶猶新的不是那些看似驚險跌宕的故事，而是主角們對待自身故事的態度，以及由故事所觸發的情緒和情感。

　　幼小就失去父母的人，帶著心理創傷來找我；人到中年還不知道自己生命意義的大人，迷茫地走進我的諮商室；因為婚姻出現危機，已經導致自身心理處於憂鬱症早期的女子；還有因為「兩個對他恩重如山的女人」無法和睦相處，心力交瘁的男人……故事聽多了，難免會產生免疫力。曾幾何時我不再只關注故事本身，而開始更多地關注講述故事的人的講述模式，努力地從中發現他們對待自身故事的態度，以及故事發生過程中內心所走過的情緒和情感。

　　這時候我回眸自己的職業生涯，發現我進步了，於是我開始有了「問題本身不是問題，如何看待才是問題本身」這樣的諮商感悟。

　　有的人像小說裡的祥林嫂一樣過於關注自身故事，形成一個惡性循環，是一個可悲的案例。然而，在生活中又不乏「掩耳盜鈴」的朋友，他們以為自己聽不到，事情就不存在了。這些都是態度惹的禍，不是故事惹的禍。一個人從出生到離開這個世界，會遇到生離死別，也會經歷酸甜苦辣，只是在什麼時候而已。有的人小時候爸爸過世了，有的人小時候媽媽過世了，這些不重要，重要的是我們在心理發育與成長中形成了怎樣的生命態度。態度決定我們是不是一個心理健康的人。

後記

　　我們一出生就在關係中開始自己的人生旅程，我們會遇到許多人，和這些人發生各式各樣的關係。

　　我也經常聽到「我的孩子不聽我的話了」、「我的媽媽不能理解真實的我」、「我和另一半的關係不如從前了」、「我要學習如何和同事相處」……

　　是的，我們在關係中成為今天的自己，也在關係中成就今天的自己。喜悅來源於關係，傷感也來源於關係。

　　一個潛意識裡有恐懼的人，是不會有安全感的，那麼他身邊的人一定正生活在水深火熱之中。

　　一個喜歡內疚的人，很難有快樂，因為遇到事情他總覺得是自己錯了。

　　一個喜歡和自己的情緒講道理的人，突然有一天無法控制自己，把自己最重要的事情搞砸了，因為他無法再控制自己的情緒。但是，他並不一定知道，這一切都是因為我們忽略了情緒自我的結果。

　　一個沒有焦慮的人，很難有創造性。成功自然也不會屬於這個人。一個整天焦慮的人，可能會是一個整晚都睡不著覺的人。焦慮成為他的心頭大患。一個正面情緒只有30%的人，一定會被心理學家診斷為心理患者。有一天我像剝洋蔥一樣尋找我自己，到最後卻發現自己不見了。

　　我是誰？我在哪裡？

　　當我們開始思考這個問題的時候，我們已經長大了。

　　每個人內心都有一個內在小孩，你知道他在哪裡嗎？

　　每個人的背後還有一個自己，你回頭能看到他嗎？

　　人生是什麼？

人生就是尋找自己的過程。

人生是什麼？

人生就是和自我戰鬥的過程。生命不息，戰鬥不止。

我們在別人眼裡到處找我們自己，卻發現自己就在自己心裡。

這些年的心理諮商職業生涯歷程，讓我更清楚地看到，用關係、自我、情緒去看待一個人的心理健康狀況，是比較簡單有效的一種方式。身為一個人只要這三者和諧共處，基本上就沒有多大問題了，如果要從心理上完善自我，從這三方面下手也是很好的方式。

我出生在 1970 年代，和許多人一樣，我的生命故事中也有一些值得炫耀的挫折經歷。從開始的時候因為自卑不敢跟別人說起自己的故事，到經常談論自己的故事，渴望得到認同，再到重新看到自己的故事，我用了十幾年的時光。身為一個渴望明天成為更優秀的自己的普通人，我很慶幸我今天的進步。身為一個心理諮商師我看到了這個過程的真實意義。

到今天為止，我堅定地認為一個人的內心需要是不能逃避的，我們也許會透過迂迴戰術來滿足自己生命中的心理需求，但絕對不能逃避。心理諮商的職業生涯真正受益最大的是我自己。

所以，我更渴望分享，「讓更多的人因為心理學而受益」是我寫這本書的初衷，但要知道，對於心靈成長來說，這也許只是開始。在你閱讀這本書的時候，你已經踏上了心靈成長之旅，這其中會有痛苦和喜悅，也許就在一剎那間，你的生命之花已經悄然開放！

如果是那樣，請別忘記分享給我。

韋志中

誰在掌控你的人生？在諮商故事中看見自我：

情緒包袱、親情枷鎖、感情創傷、子代責任……一生中所有可能會遇到的心理難關，聽聽諮商師怎麼說！

| 作　　　者：韋志中
| 責任編輯：高惠娟
| 發　行　人：黃振庭
| 出　版　者：崧燁文化事業有限公司
| 發　行　者：崧燁文化事業有限公司
| E - m a i l：sonbookservice@gmail.com
| 粉　絲　頁：https://www.facebook.com/sonbookss/
| 網　　　址：https://sonbook.net/
| 地　　　址：台北市中正區重慶南路一段 61 號 8 樓
| 8F., No.61, Sec. 1, Chongqing S. Rd., Zhongzheng Dist., Taipei City 100, Taiwan

電　　　話：(02)2370-3310
傳　　　真：(02)2388-1990

印　　　刷：京峯數位服務有限公司
律師顧問：廣華律師事務所 張珮琦律師

-版權聲明-

本書版權為樂律文化所有授權崧燁文化事業有限公司獨家發行電子書及紙本書。若有其他相關權利及授權需求請與本公司聯繫。

未經書面許可，不得複製、發行。

定　　價：350 元
發行日期：2024 年 08 月第一版
◎本書以 POD 印製

國家圖書館出版品預行編目資料

誰在掌控你的人生？在諮商故事中看見自我：情緒包袱、親情枷鎖、感情創傷、子代責任……一生中所有可能會遇到的心理難關，聽聽諮商師怎麼說！/ 韋志中 著. -- 第一版. -- 臺北市：崧燁文化事業有限公司, 2024.08
面；　公分
POD 版
ISBN 978-626-394-657-6(平裝)
1.CST: 心理諮商 2.CST: 心理治療
178.4　　113011469

電子書購買

爽讀 APP　　臉書